G. Hofmann-Wellenhof • Notizen eines Vaters

G. HOFMANN-WELLENHOF

NOTIZEN
EINES VATERS

MIT ZEICHNUNGEN VON
WALTER TITZ

:STYRIA

Die Deutsche Bibliothek – CIP-Einheitsaufnahme

Hofmann-Wellenhof, Gottfried:
Notizen eines Vaters / G. Hofmann-Wellenhof. –
Graz ; Wien ; Köln : Verl. Styria, 2000
ISBN 3-222-12790-5

2. Auflage 2001
© 2000 Verlag Styria Graz Wien Köln
Layout und Umbruch: Helmut Lenhart, Graz
Umschlaggestaltung: Andrea Malek, Graz
Umschlagbild Vorderseite: Helge Sommer
Umschlagbilder Rückseite: Peter Melbinger
Druck und Bindung: Wiener Verlag, Himberg
ISBN 3-222-12790-5

Inhalt

Vorwort

Wo immer ich mit meinen acht Kindern hinkomme, vergeht nur kurze Zeit, ehe mir die scheinbar unvermeidliche Frage gestellt wird in einem Tonfall, der von augenzwinkernder Ungläubigkeit bis zu blankem Entsetzen die breite Palette menschlicher Gefühle erahnen lässt: „Sind das alle Ihre?"

Und nachdem ich bejaht habe, folgt immer wieder der gleiche Satz: „Å schöne Aufgab'…!" – Was eigentlich heißen soll: „Na, Sie tun mir Leid!"

Andere wiederum sind von nahezu entwaffnender Offenheit: „Die ham'S aber net alle woll'n!" Und die humorvollen oder tatsächlich besorgten meiner Zeitgenossen raten mir zum Ankauf eines Fernsehers, damit mir nicht „am End' noch weitere Kinder passieren".

Wie soll ich ihnen erklären, dass wir alle Kinder gewollt haben und sie zu erziehen, zu fördern und zu begleiten eine wirklich „schöne Aufgabe" ist?

Dieses Buch, das eine Auswahl aus meinen Sonntagskolumnen in der Kleinen Zeitung ist, versucht es auf humorvoll-besinnliche Weise.

g. Hofmann - Wellenhof

Abenteuer des Alltags

MEIN NACHTLEBEN

Die mir immer wieder gestellte Frage „Kann man überhaupt schlafen mit acht Kindern?" ist nicht so einfach zu beantworten. Die Entscheidung über die Qualität meiner Nachtruhe fiel genau genommen vor beinahe 17 Jahren. Damals kam mein erstes Kind zur Welt – und in das Ehebett, das eigentlich nur aus einer ausziehbaren, 108 cm breiten Matratze eines zierlichen Sofas bestand. Die liebevoll zurechtgemachte Wiege hatte unser Sohn von Anfang an verweigert.

Auch wenn er kein überdurchschnittlich großes Baby war, nahm er doch die Schlafunterlage nahezu vollständig in Beschlag, sodass ich zu dieser oft lediglich mit einem Ellbogen oder Knie den Kontakt herzustellen imstande war.

Der gut gemeinte Rat meiner Mutter, dem Kleinen nicht nur ein eigenes Bett zu kaufen, sondern ihn auch dort nächtigen und gegebenenfalls schreien zu lassen, wurde ob seiner Grausamkeit schnell verworfen.

Mit der Geburt unseres zweiten Sohnes verbesserte sich meine Lage schlagartig durch den Kauf eines Ehebettes mit Standardmaßen. Die beiden kleinen Buben verloren sich geradezu auf der Doppelmatratze, und ich hatte meinen Stammplatz.

Als jedoch in relativ kurzen Abständen weitere sechs Kinder folgten, war auch meiner lieben Frau klar, dass etwas geschehen müsse. Die Anschaffung dreier Stockbetten konnte die Schlafsituation insofern nicht restlos entkrampfen, als die Sehnsucht nach dem Elternbett bei einigen nach wie vor bestehen blieb.

Deshalb sickern sie immer wieder, oft lange nach Mitternacht, mit Pölstern und Decken ausgerüstet bei uns ein, mit

Interesse das Ganze überblickend: „Wer ist denn schon alles da?"

Während meine Frau es offensichtlich genießt, möglichst viele kleine Kinderkörper hautnah auf oder neben sich zu spüren, verlasse ich, der leider ein wenig unter Klaustrophobie leidet, ab einer gewissen Belegzahl das nächtliche Familientreffen.

Ich beziehe dann eines der verwaisten Stockbetten, um friedlich und fest bis in den Morgen hinein zu schlafen.

Ich kann also, was meine Nächte betrifft, weiters nicht klagen.

Allerdings irritierte mich die Frage, die mein vierjähriger Sohn Jakob meiner Frau kürzlich stellte, doch ein wenig: „Lebt der Papa eigentlich noch bei dir? Ich habe ihn schon lange nicht mehr in eurem Bett gesehen ..."

w.t.

BESUCH IM HALLENBAD

Ich stehe im hüfttiefen Wasser des Nichtschwimmer-Beckens in einem Hallenbad. Die Thermen sind fern und ich friere – wie immer ist mir das Wasser zu kalt. Die anderen Badegäste sind jedoch großartiger Laune. Ich bewundere einen Vater, der seit gut einer halben Stunde, offenbar in der Rolle eines Flusspferdes, Wasserfontänen in die Luft prustet, sehr zum Gefallen seiner kleinen Tochter.

Ich bin mit vier meiner Kinder da: Antonia (12), Klemens (9) und Anna (7) sind richtige Wasserratten, Jakob (4) ist ganz nach mir: Er steht draußen und will nicht hinein. „Komm ins Wasser, es ist ganz warm", lüge ich schamlos, aber wenig überzeugend. „Ich will nicht!" – „Nur ganz kurz – dann gehen wir gleich wieder raus." – „Ich hab Angst!" – „Aber du brauchst doch keine Angst zu haben: Erstens hast du Schwimmflügerln, und zweitens halte ich dich ganz fest." – „Ich mag aber nicht." „Alle anderen Kinder sind im Wasser. Nur du stehst draußen und bist traurig." – „Ich mag nicht schwimmen. Ich mag nach Hause."

Selten war mir mein kleinster Sohn so nahe. Wie gerne wäre ich seinem Wunsch nachgekommen, wie gut konnte ich ihn verstehen. „Schau, Jakob, ich lege mich ganz ruhig aufs Wasser und zeige dir, dass man gar nicht untergehen kann."

Mitten in mein pädagogisches Experiment macht Klemens eine spektakuläre Wasserbombe. Er springt knapp neben mir hinein, mächtige Wassermassen überschwemmen mich und zwingen mich, Wasser schluckend und prustend, zum Abbruch des Versuchs. Als Jakob seinen um Atem ringenden Vater sieht, beginnt er zu weinen.

In diesem Moment rast eine Schulklasse herein. Ich bin über-

rascht, wie viele lustige und überhaupt nicht wasserscheue Kinder in dem Becken Platz finden. Als ein Dutzend johlender Buben auf mich zustürzt, kann ich nur durch jähes Abducken verhindern, dass mir ein dicker Knabe auf den Rücken springt.
Plötzlich spüre ich irgendetwas zwischen meinen Beinen. Ich tippe auf meine Tochter Antonia, die ihre neue Taucherbrille testet, ziehe jedoch ein völlig fremdes Mädchen unter mir hervor.
Jakob weint noch immer, ist aber nicht mehr allein. Eine ältere Dame hat sich seiner angenommen: „Ja, wo ist denn dein Papi?" Stumm zeigt mein Jüngster in meine Richtung. „Sie können Ihren Buben doch nicht einfach am Beckenrand abstellen, während Sie lustig schwimmen", tadelt mich die gute Frau.
Wie recht sie doch hat! Ganz schnell steige ich aus dem Wasser und nehme meinen Sohn an der Hand. Während wir gemütlich unsere Jause essen, verspreche ich, mit ihm nie wieder ins Hallenbad zu gehen. Und wir sind beide glücklich.

DAS KETCHUP IM GEBÜSCH

Mein ältester Sohn, der mehr als die Hälfte seiner Gymnasialzeit bereits hinter sich hat, besitzt einen wichtigen Charakterzug, der ihm in seinem Leben schon oft geholfen hat: Er kann über Missgeschicke, die ihm widerfahren, herzhaft lachen.

Es ist eigentlich eine ganz alltägliche Geschichte. Als er in den Ferien eines Vormittags guter Dinge in der Straßenbahn saß, die Einkaufstasche lässig um die Schulter, ahnte er noch nicht, dass er diese Strecke insgesamt sechs Mal zurücklegen werde müssen. Im Geschäft suchte er vergeblich nach dem von Mutterhand sorgfältig beschriebenen Zettel. Da er jedoch nicht mit leeren Händen an der Kassa vorbeigehen wollte, nahm er eine Flasche Ketchup mit, die er sich gemerkt hatte.

Er bestieg also die Straßenbahn, erfuhr zu Hause von seiner Mutter, dass der Einkaufszettel im Seitenfach der Tasche stecke, bestieg wiederum die Straßenbahn und machte unmittelbar vor Betreten des Geschäfts eine unangenehme Entdeckung: In der Tasche lag noch das Ketchup. Und weil er dieses – begreiflicherweise – nicht noch einmal bezahlen, die Kassierin aber – rätselhafterweise – in seine verzwickte Lage nicht einweihen wollte, dachte er an das Nächstliegende: das Ketchup in dem unmittelbar vor dem Geschäft blühenden Ginsterbusch zu verstecken – ein Unternehmen, das ihm höchste Konzentration abverlangte. Immer wieder gingen nämlich Leute an besagtem Strauch vorbei, den mein Sohn lauernd umkreiste. Endlich fand sich ein Augenblick, in dem er unbemerkt die Flasche im Unterholz und Blätterboden vergraben konnte.

Alles andere war dann nur noch Routine. Nach zügigem Einkauf bestieg er abermals die Straßenbahn und wurde zu Hause von meiner lieben Frau, die nun doch schon einigermaßen sehnsüchtig die Lebensmittel erwartete, gebührend gelobt: „Sehr brav, nur auf das Ketchup hast du vergessen." „Das hab' ich gleich. Ich brauche nicht einmal Geld", gab Dominik seiner verwunderten Mutter zur Antwort, bestieg die Straßenbahn, grub das Ketchup aus, bestieg ein letztes Mal die Straßenbahn und kehrte erleichtert heim.

Irgendwie bewundere ich meinen Erstgeborenen, weil er dem Alltag immer wieder neue Facetten abgewinnen kann. Dadurch macht er nicht nur sein, sondern auch unser Leben bunter und spannender.

IM TIERPARK VERLOREN

Die langen Schlangen vor den Kassen in Schönbrunn signalisierten uns, dass auch andere die Idee gehabt hatten, den freien
Tag auf diese Weise zu nützen. Tapfer kämpfte ich mich vor
und erstand eine Gruppenkarte. Inzwischen war eine gute hal-
be Stunde vergangen, und mein Sohn Jakob (4) äußerst verdrossen. „Warum müssen wir jetzt auch da hineingehen?"
Nie hätte ich gedacht, dass es in Österreich so viele Tierfreunde
gibt. Tausende zogen an den Gehegen vorbei. Wir mussten uns
immer wieder anstellen, um dann wenigstens einen kurzen
Blick auf eine Bergziege, eine Streifenhyäne oder einen Kolibri
werfen zu können. Andere Besucher verzichteten darauf und
ließen sich von Verwandten oder Freunden erzählen, vor

welchem Käfig sie gerade standen: „Wos siagst? A Robbe? Na de san eh liab!"

Das Interesse meiner älteren Knaben an gefährdeten Tierarten vermochte auch der unmittelbare Anblick eines prächtigen indischen Königstigers nicht wirklich zu heben. Sie konzentrierten sich vor allem darauf, freie Bänke auszumachen, auf denen sie sich, jeweils im 25-Meter-Takt, erschöpft niederließen, um dort die in reichlichen Mengen von zu Hause mitgebrachten Proviantpakete zu konsumieren.

Meine Haupttätigkeit lag darin, ständig meine Kinderschar zu zählen: Immer wieder war nämlich eines für kurze Zeit in der Menge verschwunden, bis dann Anna tatsächlich fehlte.

Sternförmig schwärmten meine größeren Kinder, für die der Abgang eines Familienmitglieds eine spannende Bereicherung des bereits recht lang gewordenen Tierparkbummels darstellte, aus, um das Areal zu durchkämmen. Immer unruhiger lief ich selbst von Tier zu Tier. Ich sah meine kleine Tochter bereits in den Fängen eines professionellen Kidnapperringes. Da entdeckte ich sie im Streichelzoo, wie sie, mit sich und der Welt im Reinen, ein Kitzlein liebevoll fütterte.

Bei unserem Sammelpunkt gab es ein glückliches Wiedersehen, und der Ärger über den Verlust eines Kinderschuhs (rechts), eines Stofftieres (neuwertig) und eines Fotoapparates (gebraucht, aber bewährt) war verflogen. Alle waren bereits eingetroffen – nur einer fehlte.

Ein wenig abgekämpft ging ich zur Beschallungsanlage und bat um folgende Verlautbarung: „Vater sucht Sohn im Sturmdress mit der Rückennummer 9. Bitte zu den Elefanten kommen." Eine Altersangabe machte ich nicht. Schließlich wird Dominik im Herbst 17.

TELEFONIEREN IST LUSTIG

Es ist mehr als ein Jahr her, da stand ich an einer sehr verkehrs-
reichen Straße, den Telefonhörer in der Hand. Wegen des
Lärms konnte ich nicht gleich erkennen, welches meiner Kinder abhob.

„Hofmann-Wellenhof?" Ich tippte auf meinen damals 13jähri-
gen Sohn Nikolaus. Schallendes Gelächter: „Ich bin doch nicht
der Nikolaus. Ich bin die Anna." Ich war überrascht und stolz
zugleich, immerhin ging Anna noch nicht in die Schule.
„Kannst du aber schon gut telefonieren. Was machst du denn
gerade?" – „Telefonieren!"

Der schlichte Scherz hatte großen Erfolg. Vielstimmiges Lachen: Anna war offenbar nicht allein. „Papa, der Jakob möchte
auch mit dir reden." Jakob war drei, und sein Sprachvermögen
seinem Entwicklungsstand durchaus angemessen. Telefonieren
zählte jedoch (noch) nicht zu seinen Stärken. „Jakob, da ist der
Papa!?" Keine Antwort. „Jakob, der Papa ist da!"

Vielleicht war ich in meiner Aussage unpräzise und irrefüh-
rend, und mein jüngster Sohn nahm an, ich sei bereits zu Hause. Sein fragendes „Jaaa?" war alles, was ich von ihm zu hören
bekam. Dann Stille.

„Hallo, ich möchte die Mama sprechen!", brüllte ich in den
Hörer. Zwei Passanten blieben stehen und blickten mich be-
sorgt an. Da kam die rettende Stimme: „Grüß dich, ich bin´s,
die Antonia. Du, Papa, weißt du, was ich auf die Englisch-
Schularbeit hab´? Einen Vierer!" Meine tröstenden Worte
schnitt sie jubelnd ab: „Einen Einser – reingefallen!" Verdienter
Beifall der kleinen Telefongemeinde, anhaltendes Gelächter.
„Antonia, gib mir bitte die Mama!"

Plötzlich drangen aus dem Hintergrund vertraute Töne an mein Ohr. „Du bist so gemein, das sag' ich jetzt aber dem Papa!" Es war Klemens. Ich erkannte die Stimme unseres achtjährigen Heißsporns auch im unvermindert starken Verkehrslärm: „Papa, der Benedikt macht mir immer den Turm kaputt."

Inzwischen hatte sich vor meiner Zelle eine beachtliche Menschenschlange gebildet.

„Papa, die Mama ist im Keller. Sie kommt gleich. Ich geb' dir dafür die Sophie." Ich war ein wenig aufgeregt. Immerhin war es das erste Telefongespräch mit meiner zehn Monate alten Tochter. „Sophiiiiie!" Nichts, dann deutlich erkennbare Atemstöße, plötzlich: „Dada!" Ja, sie hatte wirklich „dada" gesagt.

Ich war glücklich, auch wenn die Zeit um war und die Leitung unterbrochen: Ich hatte ohnehin meiner lieben Frau nur zum Hochzeitstag gratulieren wollen.

DAS MÜHSAME MUSIZIEREN

Was die außerschulische Ausbildung unserer Kinder betrifft, sind wir, so meine realistische Selbsteinschätzung, keineswegs übertrieben ehrgeizig.

Kein Bewegungstanz, kein Aquarellmalen, kein Japanisch. Vier meiner fünf Söhne spielen im Verein Fußball, für den fünften (vier Jahre) ist bedauerlicherweise noch kein Spielbetrieb vorgesehen. Meine liebe Frau, die selbst jahrelang die klassische Mädchenausbildung (Flöte, Klavier, Ballett) mit zusehends stark nachlassendem Enthusiasmus durchgemacht hat, empfindet die Freizeitgestaltung unseres Nachwuchses als ein wenig zu einseitig. Deshalb versucht sie seit längerem, in uns musikalische Talente zu wecken.

Und da sie überzeugt ist, dass der Vater eine gewisse Vorbildfunktion auszuüben hat, überraschte sie mich zu meinem 45. Geburtstag mit einer Gitarre. Das war vor mehr als fünf Jahren.

Nie hätte ich gedacht, dass die erste Begegnung mit einem richtigen Musikinstrument mein Leben so nachhaltig verändern würde. Fortan übte ich nämlich jeden Abend verbissen die leichtesten Griffe, ehe einer meiner Schwager meinem Bemühen ein jähes Ende setzte: Bei einem seiner seltenen Besuche zertrümmerte er versehentlich meine Gitarre.

Die Gelegenheit war günstig, einen Schlussstrich unter meine musikalischen Ambitionen zu ziehen. Immerhin, dachte ich, blieb mir ja noch die Erinnerung an meine Großtante, eine bekannte Klavierlehrerin, die seinerzeit meinen Eltern vorgeschlagen hatte, mich – meiner hellen Stimme wegen – zu den Wiener Sängerknaben zu geben.

Mein Schwager freilich, ein tadelloser Ehrenmann, wollte

keineswegs, dass meine Karriere als Gitarrist unter diesen Umständen endet, und besorgte mir umgehend ein neues, noch leichter handzuhabendes Instrument, das nun stumm und drohend neben meinem Schreibtisch steht.

Meine Frau versucht mich mit leiser Ironie zum Üben zu bewegen („Glaubst du, dass du zur Jahrtausendwende einen vierten Akkord beherrschen wirst?") – bislang jedoch ohne nennenswerten Erfolg.

Daher setzt sie ihren musikalischen Hoffnungen nun in unseren Sohn Klemens, einen von den wilden Neunjährigen, und erfüllt ihm seinen Geburtstagswunsch nach einem Schlagzeug bereitwillig. Vielleicht erkenne dann auch ich – spät, aber doch –, dass meine Stärke nicht im Zupfen, sondern im Trommeln liegt.

P.S. Derzeit bin ich wegen einer langwierigen Sehnenscheidenentzündung, die ich mir durch allzu intensives Üben des Barrégriffs zugezogen habe, außer Gefecht. Deshalb trage ich mich endgültig mit dem Gedanken, einen Instrumenten-Wechsel vorzunehmen.

UNSERE ERSTE RADTOUR

Meine siebenjährige Tochter Anna, die sich selbst als „Aben-
teuermädchen" bezeichnet, war schon Tage vorher sehr aufgeregt. „Wie viele Pyjamas soll ich mitnehmen, zwei oder drei?"
Packen zählt zu einer ihrer großen Leidenschaften. So nimmt
sie für einen kurzen Besuch auf dem Spielplatz immer eine
kleine Jause mit: Wurstsemmeln, einen Saft, ein wenig Obst
und viele grauslich aussehende Süßigkeiten. Während sie und
ihre Schwester Antonia (12) schon beim Frühstück mit Rad-
helm, Sonnenbrille und Bauchtascherl ihre Abfahrtbereitschaft
signalisierten, war der Rucksack ihres Bruders Klemens (9) bis
auf seine Wasserspritzpistole leer.
Der eigentlich recht unspektakuläre Startvorgang wurde von
meiner lieben Frau aus verschiedensten Perspektiven fotogra-

fisch festgehalten – danach begann unsere Tour, die allerdings bereits drei Straßen weiter abbruchgefährdet war.

Anna hatte während der ersten Bergabfahrt, offensichtlich im Hochgefühl des schwerelosen Dahingleitens übermütig geworden, die Herrschaft über ihr kleines Kinderrad verloren und war zu Sturz gekommen. Ihre erste Reaktion: „Ich will nie wieder eine Radtour machen." Der einleuchtende Grund: Die neue Radflasche war aus der Halterung heraus- und unter ein parkendes Auto geschleudert worden.

Nun trug die paramilitärische Freizeitgestaltung meines Sohnes erste Früchte. Geschickt robbte er unter den Wagen und barg das bunte Trinkgefäß, an dem meiner kleinen Tochter sehr gelegen war.

Dennoch war an eine Weiterfahrt vorerst nicht zu denken, da die Vorderbremse blockierte. Sogar einem wirklich kräftigen Passanten gelang es nicht, die Bremsbacken wieder in ihre ursprüngliche Lage zurückzubiegen. Gott sei Dank war aber das nächste Fahrradgeschäft nicht weit, wo der Schaden provisorisch behoben werden konnte.

Dies war der schwerste Zwischenfall. Alle weiteren Stürze (insgesamt sieben) sind kaum erwähnenswert und leicht erklärt: Meinem Sohn, Besitzer eines 12-Gang-Rades, ging es meist zu langsam, sodass er immer wieder auf seine materialmäßig klar unterlegene, aber unverdrossen vor ihm strampelnde kleine Schwester auffuhr.

Als Anna nach zwei Nächten im Zelt wieder in ihrem eigenen Bett lag, murmelte sie, schon im Halbschlaf: „Nächstes Jahr möchte ich aber nicht nur nach Radkersburg radeln, sondern bis Budapest wie die großen Brüder."

Sie kann die Tour 2000 kaum erwarten. Ich schon.

Angeln per Knopfdruck

Offenbar sind drei meiner Söhne, was die Auswahl ihrer Souvenirs aus Italien betrifft, (noch) etwas phantasielos. Denn niemals würden sie zum Beispiel auf den Kauf einer weiteren Angel verzichten. Heuer waren es zwei, womit sich unser Gesamtbestand auf neun erhöhte – nicht gerechnet verstümmelte oder vollständig zu Bruch gegangene Ruten.

Es soll sich – laut Aussagen meiner fachkundigen Knaben – diesmal um besonders preisgünstige Produkte handeln: eine Teleskopangel, die sich allerdings auf Grund eines allzu heftigen Trockentrainings nicht mehr einwandfrei ausziehen lässt bzw. eine nicht einklappbare, ca. 230 cm lange Glasfaserrute, die ich als letztes Gepäckstück im Kofferraum diagonal verspeilen musste.

Diese Art des Transportes hat zweifellos gewisse Spuren hinterlassen, was meine Söhne jedoch nicht besonders schmerzt: Ihre Fischerei-Leidenschaft ist bis zum nächsten Sommer befriedigt – und bleibt für mich weiterhin ein Rätsel. Noch nie zogen sie nämlich auch nur ein winziges Fischlein an Land.

Zugegeben, meistens sind die Bedingungen gegen sie. Einmal reicht das Grundblei nicht, dann wieder würden Köderfische benötigt werden, aber keine Maden und umgekehrt. Oder es ist die falsche Tageszeit. „Zu Mittag beißt doch keine Brasse an", wurde ich belehrt.

Also rückten sie erstmals zur Nachtzeit aus. Während wir am Laghetto ankamen, verließ der letzte Fischer das kleine stehende Gewässer. Erste Zweifel an der Sinnhaftigkeit dieser Nachtaktion kämpfte ich tapfer nieder; doch nachdem sich knapp vor Mitternacht der in Erwartung eines reichhaltigen Fanges

gekaufte Käscher als überflüssig erwiesen hatte, gab es kaum nennenswerten Protest, als ich zum Aufbruch riet.

Nun hat meine liebe Frau, die mit unseren erfolglosen Petri-Jüngern sehr mitleidet, eine großartige Idee, wie ihnen zu helfen ist. Sie entdeckte in einer Broschüre das Computerspiel „Cyber Fishing": Damit kann man Erfahrungen mit 20 verschiedenen Fischarten in Meer, See, Fluss oder Bach sammeln sowie Wetterbedingungen auswählen, Haken und passende Köder. Sogar das Rauschen der ablaufenden Angelschnur ist zu hören und die Weite des Wurfes am Display zu sehen.

Bald schon wird die Zeit der kleinen Enttäuschungen vorbei sein. Dann können meine Söhne bis zu 300 kg schwere Fische an Land ziehen. Per Knopfdruck. Bei jeder Tages- und Jahreszeit. Und ohne den Ankauf weiterer Angeln.

LIEBE HAUSTIERE

Ich habe nichts gegen Tiere, im Gegenteil: Ich liebe sie, wenn auch nicht alle. Und ich bin mir im Klaren, wie pädagogisch wichtig gutmütige Haustiere für Kinder sind, die im Umgang mit ihnen allerlei lernen können. Dennoch habe ich gewisse Vorbehalte.

Als vor rund zwölf Jahren auf den Wunsch meiner damals vier Kinder ein rot-braun-weiß getigertes Kätzchen ins Haus kam, hielt sich meine Begeisterung in Grenzen. Aber während schon ziemlich bald feststand, dass meine Kinder keine wirklich tiefer gehende Beziehung zu Sylvester aufzubauen im Stande waren, schloss ich meinerseits den inzwischen prächtig gediehenen Kater schnell ins Herz. Ich gab ihm zu fressen und leerte sein Kisterl – und er dankte es mir, indem er in meinem Schoß lag.

Als wir ihn auf Grund der Katzenhaarallergie meines ältesten Sohnes leider weggeben mussten, weinte meine liebe Frau, während den Kindern erst Tage später auffiel, dass er nicht mehr da war.

Dann kam ein fünftes Kind – und mit ihm die große Zeit der Fische. Wir brachten nun viele aufregende Stunden in Tierhandlungen zu, aus denen wir immer viele bunte Fischlein in Nylonsackerln nach Hause trugen.

Mag sein, dass es irgendeinmal zu viele waren. Jedenfalls trieben sie eines Morgens reglos im Wasser und mussten bedauerlicherweise von meiner Frau entsorgt werden.

Da das Aquarium nicht nur groß und teuer war, sondern auch verdammt schwer, hatte ich nichts dagegen, dass es auf seinem Platz verblieb und zu einem Terrarium umfunktioniert wurde. An Stelle der vielen bunten Fischlein lagen nun zwei Schild-

kröten, die meiste Zeit bewegungslos, im Sand. Obwohl ich als Knabe selbst einmal eine Schildkröte besessen hatte, stand ich diesen beiden Exemplaren rätselhaft distanziert gegenüber. Auch meinen Kindern schien es nicht anders zu ergehen, sodass sie keinerlei Einwände hatten, als wir Gusti und Franzi einer befreundeten Biologielehrerin schenkten, deren drei Töchter immer noch viel Spaß mit den gutmütigen Tieren haben sollen.

Derzeit leben wir haustierlos, sieht man von den in der Haltung völlig anspruchslosen roten Schnecken in unserem Garten ab. Ich habe also keinen Grund zu klagen, denn nie erging es uns wie etwa meinem Schulfreund, der über den Winter seine Badewanne nicht benützen kann, weil in dieser zufrieden einige Rotwangenschildkröten hocken, deren Überleben begreiflicherweise nur durch die zeitgerechte Übersiedlung aus dem familieneigenen Feuchtbiotop gewährleistet werden kann. Das Interesse seines Sohnes an Paarung und Vermehrung dieser friedlichen Wassertiere geht wohl über jenes durchschnittlicher Kinder hinaus.

Meine jedenfalls wünschen sich keine putzige Ratte, keine lernwillige Graugans, keinen zahmen Affen. Sie sind bis jetzt nicht auf die Idee verfallen, unser Gartenhaus als Stallgebäude zu adaptieren, um darin ein Pferd – oder vielleicht auch zwei – unterzubringen. Sie haben nur einen bescheidenen Wunsch: Sie wollen einen Hund haben. Vor allem unser Zweitjüngster (4) will einen.

Und da er ein Kind mit Prinzipien ist, gibt er sich nicht mit irgendeinem kleinen Vierbeiner zufrieden: Er will einen Bernhardiner haben!

Ich bitte, es nicht als faule Ausrede zu betrachten. Auch mir gefällt diese Rasse, und ich weiß auch, dass solche Hunde schon manchem das Leben gerettet haben. Dennoch mache ich in diesem Fall mit dem ganzen Gewicht einer Vaterstimme von meinem Vetorecht Gebrauch: „Ein Bernhardiner kommt mir nicht ins Haus!"

Der Widerstand meines Sohnes ist noch ungebrochen, da er in seiner Mutter eine überaus kampfstarke und listenreiche Verbündete besitzt. Die beiden tuscheln in letzter Zeit auffallend oft miteinander, sodass ich gar nicht überrascht wäre, würden sie mich schließlich mit einem Kompromissvorschlag zu überrumpeln versuchen: „Was hältst du denn von einem Spaniel!?" Was könnte ich schon erwidern? Schließlich liebte ich als Kind selbst einen.

VON UNGEBETENEN GÄSTEN

Wir sind ein offenes Haus – in jeder Hinsicht. Garten- oder Eingangstüren bleiben tagsüber immer unversperrt, was mir manchmal einen kleinen Tadel meiner Mutter einbringt: „Also bei euch könnte man alles unbemerkt davontragen." Gott sei Dank kam nur ein Mal aus der Garderobe etwas weg. Ausgerechnet am 5. Dezember wurde dem Onkel meiner Frau seine Jacke entwendet. In unserer Ratlosigkeit, wer der Missetäter sein könnte, wurde sogar für kurze Zeit der Nikolo verdächtigt ...

Korrekter Weise müsste ich erwähnen, dass zwar aus unserem Haus weiter nichts Erinnernswertes verschwand, wohl aber aus unserer Garage. Wir vermissen derzeit schmerzlich acht Stützstangen für unser Plastikplantschbecken.

Außerdem war vor Jahren eines Tages unser Auto nicht mehr da, ein unauffälliger Kleinwagen mit damals erst einem Kinder-

sitz auf der Rückbank. Es bedurfte keinerlei professioneller Au-toknacker-Tricks: Die Garagentür war sperrangelweit offenge-standen und der Zündschlüssel gesteckt.

Der unrechtmäßige Benützer schien unseren Wagen für eine längere Österreich-Rundfahrt benötigt zu haben, wo er vor allem Feuerwehr-Zeltfeste besucht haben dürfte. (Etliche Pickerln auf der Windschutzscheibe deuteten darauf hin.)

Wie sich später herausstellte, hatte er zwei Fahrzeugkontrollen problemlos überstanden, da er sich mit meinem zusammen mit den Autopapieren ordentlich im Handschuhfach aufbewahrten Führerschein ausweisen konnte.

Nach drei Wochen wurde der mir bis heute unbekannt gebliebe-ne Feuerwehrfan in St. Pölten von der Polizei aufgegriffen. Mei-nem Auto fehlte nichts. Im Gegenteil – im Kofferraum lag ein Schirm, den ich mir stillschweigend aneignete. Außerdem wa-ren die schadhaften Wischerblätter durch neue ersetzt worden.

Unser Haus ist aber nicht nur einladend für ungebetene Gäste. Wenn ich mittags heimkomme, stoße ich immer wieder auf junge Menschen, die ich zuvor noch nie gesehen habe.

Mein Erscheinen wird unterschiedlich aufgenommen: Einige (wenige) grüßen freundlich, andere wiederum starren mich fra-gend an.

Manche der Gäste bleiben auch über Nacht. Noch schlafen sie in eigenen Betten. Mir geht es also nicht wie meinem Freund, Vater zweier halbwüchsiger Knaben.

An einem Sonntagmorgen betrat dieser nichts ahnend seine Küche, wo er auf ein nur spärlich bekleidetes, ihm gänzlich fremdes junges Mädchen traf. Nachdem er von der unbekann-ten Schönen misstrauisch gemustert worden war, verbeugte er sich knapp und sagte: „Gestatten, Pfeiffer, ich wohne nur hier."

„PSSST – PAPA IST KRANK!"

Die Tür wird nicht wie üblich zugeschmettert, sondern lautlos geschlossen, das Telefon mittels eines Polsters entschärft. Kinder huschen auf Zehenspitzen durchs Haus: „Pssst – Papa ist krank!" Tatsächlich liege ich im Bett und leide. Wahrscheinlich habe ich sogar Fieber. Aber mit Sicherheit lässt sich das nicht sagen. Richtige Männer klemmen sich nämlich kein Fieberthermometer unter die Achsel und sind somit vor unliebsamen Blamagen gefeit: Was ist, wenn die Quecksilbersäule bei 37,4 stehen bleibt? Auch den zweifellos vernünftigen Rat meiner lieben Frau, einen Arzt kommen zu lassen, würde ich niemals befolgen. Tabletten, welche die Pein ein bisschen lindern könnten, bleiben unangetastet, weil ich als tapferer Naturbursch unbeirrbar auf meine Rosskur vertraue.

ZEICHNUNG: WALTER TITZ

Also bringen meine Kinder heißen Tee ans Krankenlager, in rührender Sorge um ihren offensichtlich siechen Vater: „Können wir dir noch irgendwie helfen?" Ein kaum merkliches Kopfschütteln, das mir letzte Kräfte abverlangt, bedeutet ihnen, dass ich in meinem heroischen Überlebenskampf nun allein sein will. Folgsam schließen sie die Tür im Bewusstsein, einen Helden zum Vater zu haben.

Während ich den Part des Schwerkranken, dem jede nur erdenkliche Unterstützung gewährt werden muss, mit großer Meisterschaft beherrsche, hat meine Frau Schwierigkeiten mit dieser Rolle. Unsere Kinder nehmen sie ihr einfach nicht ab unter dem Motto: Eine Mutter ist niemals krank.

Eine etwaige Bettlägrigkeit meiner Frau, die nahezu nie vorkommt, wird von unserem Nachwuchs ausnahmslos ignoriert. Krankheitsbedingte Dienstunfähigkeit der Mutter ist hauptsächlich lästig, aber leider keineswegs Anlass zu Rücksichtnahme.

Rätselhafterweise wird mir, den in diesem Fall für wenige Stunden die ganze Wucht des Haushalts trifft, das gebündelte Mitgefühl zuteil. Lobende Worte für meine Kochkünste („Die Tiefkühlpizza ist dir sehr gut gelungen, Papa!") können jedoch auch nicht darüber hinwegtäuschen, dass ich heillos überfordert bin: Schon banale Fragen („Wo sind eigentlich die Klarsichthüllen?") decken schonungslos meine Unbedarftheit in häuslichen Angelegenheiten auf und lassen meinen Heldenthron bedenklich wackeln.

Endgültig zum Einsturz bringt ihn meine siebenjährige Tochter Anna. Als ich nämlich nicht weiß, wo ihr Bärli-Pullover ist, quittiert sie mein hilfloses Lächeln kalt und ungerührt: „Ohne die Mama geht gar nix!"

Mit zwei linken Händen

Mein Baumhaus

Die ersten Wochen eines neuen Jahres beginne ich immer ziemlich schwungvoll, weil ich mir viel vornehme. Irgendwie beruhigen und bestärken mich gute Vorsätze – zumindest einige Tage lang. Ein Vorsatz kehrt jährlich wieder: Ich will zusammen mit meinen Kindern mehr basteln.

Die Bilanz meiner Heimwerkertätigkeit 1999 ist nicht gerade berauschend: ein Baumhaus, schief; ein Schuhregal, zu klein; und ein Kästchen, wackelig.

Alle Männer, die in ihrer Freizeit Böden legen oder Waschmaschinen reparieren, bewundere ich sehr. Ich stelle mir ein Leben, unabhängig von meist ausgebuchten Handwerkern, paradiesisch vor.

Vielleicht so: Aufgeregt stürzen meine Kinder zu mir: „Papa, komm schnell, ein Rohrbruch. Die Mama steht bis zu den Knien im Wasser!" – „Das werden wir gleich haben", sage ich lachend, entnehme dem penibelst geordneten Werkzeugkasten einen 17er-Schraubenschlüssel und behebe zügig den Schaden.

Die Realität sieht leider anders aus. Wirklich pannenfrei gelingt mir nur das Auswechseln von Glühbirnen. Dennoch wage ich mich unverdrossen an größere Projekte.

So gab ich dem Drängen meines vierjährigen Sohnes nach und baute ein Baumhaus. Als Jakob bereits das Interesse an ihm verloren zu haben schien, war es nach 17 Tagen Bauzeit endlich fertig gestellt: Ich hatte an die Kanten eines alten Tisches meterhohe Zaunlatten geschraubt, als Dach diente ein ausrangiertes Plastiktischtuch.

Nun fand sich Gott sei Dank eine Astgabel, in der das Holzungetüm verspeilt werden konnte, allerdings mit einem Nachteil: Das Fundament kam nicht horizontal, sondern in einem Winkel von etwa 40 Grad zu liegen.

Meine Kinder konnten also nie ganz ungestört Platz nehmen, sondern mussten sich mit einer Hand an der Wand festkrallen, um ein Abrutschen zu vermeiden. Vielleicht war das der Grund, warum die Begeisterung, das Baumhaus zu besteigen, bald abebbte.

Beim ersten Schneefall trug ich es wieder ab. Meine Frau tröstete mich, indem sie mir ernsthaft versicherte, dass ich kein Bastler, aber dennoch ein guter Vater sei. Ich glaube, sie hat mich wirklich lieb.

P. S. Nach der Veröffentlichung dieser Kolumne erreichten mich mehrere Zuschriften von Lesern. Einige besonders wohlmeinende legten ihrem Schreiben einfache Baupläne bzw. Fotografien ihrer eigenen, prächtig gelungenen Bauwerke bei. Dennoch konnte ich mich bislang nicht zu einer Wiederaufnahme meiner Bautätigkeit durchringen.

ZUM CAMPER NICHT GEBOREN

Ein Urlaub mit Kindern ist vielleicht nicht immer erholsam, aber jedenfalls voller Überraschungen. Wenn wir nach einer nächtlichen Autofahrt beim Campeggio ankommen, gilt es, die Zelte aufzustellen, den Gaskocher anzuschließen und die angesichts eines Zehn-Personen-Haushalts doch recht umfangreiche Ausrüstung einzuräumen.

Alles das könnte beträchtlich zügiger vonstatten gehen, würde sich nicht jährlich aufs Neue das Paradoxon wiederholen: Die zur Mithilfe bereits geeigneten, ja geradezu berufenen älteren Söhne ziehen es eher vor, die Öffnungszeiten der Sala Giochi auszukundschaften, während die Jüngsten in rührendem Eifer die von der Anreise ermatteten Eltern zu unterstützen suchen.

An dieser Stelle muss ich gestehen, dass ich, der ich schon zu Hause geradezu das Zerrbild eines Heimwerkers verkörpere, nicht unbedingt zum Camper geboren bin. Überdies musste ich heuer eine befremdliche Entdeckung machen.

In den vergangenen Jahren hatte ich die Heringe mangels eines mitgeführten Hammers mit meinem hölzernen Gesundheitsschuh eingeschlagen – eine Methode, die bei den Nachbarn nicht nur für anhaltende Belustigung sorgte, sondern auch meinen Ruf als origineller Sonderling festigte, den ich mir durch meine nahezu jährlich wachsende Kinderzahl erworben hatte.

Nach dem letzten Urlaub allerdings hatte meine liebe Frau ihre Drohung endlich wahr gemacht und meine Töffler ohne weitere Vorwarnung entsorgt. Obwohl ich nichts gegen improvisierte Lösungen einzuwenden habe, raubte mir der Verlust meines

Schuhwerks angesichts mehrerer Dutzend Heringe, die ins Erd-
reich einzubringen waren, jegliche Phantasie.
Ich schickte also meinen Nachwuchs aus, um gut ausgerüstete
Mitcamper um Hilfe zu bitten. Innerhalb weniger Minuten kamen sie mit einer so reichen Zahl an Gerätschaften zurück,
dass wir nicht nur alle eigenen Kinder, sondern auch durch den
ungewohnten Baulärm herbeigelockte einheimische Sympathi-
santen am Hämmern teilhaben lassen konnten.
Während des Arbeitens sah ich meine Kinder immer wieder
geheimnisvoll miteinander tuscheln. Ich vermute, es ging um
mein nächstes Geburtstagsgeschenk. Ich könnte mir vorstellen,
dass ich im kommenden Sommer, zumindest was den Zelt-
hammer betrifft, zur internationalen Liga der Profi-Camper gehören werde ...

MIT ZWEI LINKEN HÄNDEN

Welche Art von Missgeschick es gewesen ist, kann ich nicht mehr sagen. Schließlich ist es lange her. Aber die Folgen wirken heute noch nach.

Möglicherweise habe ich in meiner frühen Kindheit einmal (unabsichtlich) einen Teller fallen lassen oder infolge übermütigen Hantierens ein Glas zu Bruch gebracht. Einerlei. Schnell schmückte mich das Etikett: „Der Gotti hat zwei linke Hände." Die vorschnelle Qualifizierung störte mich keineswegs. Ganz im Gegenteil. Ich entdeckte bald ihre unschätzbaren Vorteile: Meine Mutter dispensierte mich fortan von jeglicher Hausarbeit, die ein Mindestmaß an manuellem Geschick erforderte. Während mein Bruder pflichtbewusst das Geschirr wusch, saß ich faul im Fauteuil und las. Mein Egoismus wurde mir nicht weiter übel genommen: Schließlich hatte ich ja zwei linke Hände.

Es lebte sich gut mit ihnen. In der Volksschule knüpfte mir meine Nachbarin die Schuhbänder. Im Gymnasium packte ein

Freund meinen Ranzen, und beim Militär half ein Kamerad die zahllosen Teile des Sturmgewehrs in der richtigen Reihenfolge zusammenzubauen.

Als ich heiratete, hatte ich meine totale Unfähigkeit in handwerklichen Angelegenheiten bereits so intensiv kultiviert, dass ich nun – auch bei gutem Willen – am Aufstellen eines Fertigteil-Schuhregals zu verzweifeln drohte.

Mit Bewunderung musste ich an jene Bekannten denken, die selbst ihr Bad verfliesten und die mich aufmunterten: „Du kannst es auch, du musst es nur versuchen."

Dazu kam es allerdings nicht, weil das Schicksal es weiterhin gut mit mir meinte. Meine liebe Frau versicherte mir nämlich glaubhaft, ich sei ihr in meiner beinahe rührenden Unzulänglichkeit lieber als alle perfekten, aber oft furchtbar pitzeligen Heimwerker.

Geschickt hantierte sie mit Hammer und Schraubenzieher. Größere Arbeiten wie das Reparieren der Regenrinne übernahm mein überaus hilfsbereiter Schwiegervater. Es ging mir wirklich gut.

Seit einiger Zeit scheint jedoch das Schicksal in Gestalt meiner ältesten Söhne zurückzuschlagen. Sie sind mir sehr lieb, allerdings wirklich kaum in der Lage, einen Nagel einigermaßen gerade einzuschlagen, geschweige denn einen Fahrradschlauch zu picken.

Auch der einmalige Versuch, den Ältesten den Rasen mähen zu lassen, musste nach einigen Minuten abgebrochen werden: Er hatte das Elektrokabel überfahren und glatt durchtrennt.

Ich mache mir oft Gedanken, warum ausgerechnet meine Buben so ungeschickt sind. Ich finde nur eine Erklärung: Ich glaube, sie haben zwei linke Hände.

SCHNEEWEISS-MATT I

Nicht nur meine Kinder sind in hohem Maße dafür verantwortlich, dass mein Leben bunt und abwechslungsreich verläuft.
Auch meine liebe Frau ist es.

So überrascht sie mich immer wieder mit hübschen Verände-
rungen, die sie an unserem kleinen Anwesen regelmäßig vor-
nimmt. „Hast du nichts bemerkt?", fragt sie mich erwartungs-
voll. Leider bin ich wieder einmal an dem Blumentopf mit den
neu gepflanzten Stiefmütterchen achtlos vorbeigegangen.
„Und was ist im Haus anders?" Auch bei größter Konzentration
und ehrlichem Bemühen vermag ich nichts festzustellen. „Alle
Vorhänge sind gewaschen!", jubelt sie in ehrlicher Freude.

Als ich vorige Woche nach Hause kam, fiel mir vor der Ein-
gangstür ein langhaariger, junger Mann auf, den ich noch nie
gesehen hatte. Seine Arbeitskleidung wies ihn eindeutig als
Maler (und Anstreicher) aus. Er saß auf dem Schuhkastl, eine
Flasche Bier in der Hand, und schien zu rasten. Auch andere
Möbelstücke, die im Gras zwanglos verteilt waren, signalisierten mir, dass offensichtlich im Haus Handwerkertätigkeiten
vorgenommen wurden.

Meine diesbezügliche Anfrage beantwortete meine Frau quasi
nebenbei: Lediglich das stark abgewohnte Vorzimmer werde
ausgemalt, doch bereits am Abend die gewohnte Ordnung wieder hergestellt sein. Davon war allerdings keine Rede, ein Ende
der Maltätigkeit jedoch für nächsten Tag in Aussicht gestellt.

Anderntags war ich gar nicht sonderlich überrascht, als die
Stockbetten und Schreibtische meiner Söhne im Vorraum standen und der große Kleiderkasten den Zutritt zum oberen Stock-
werk erheblich erschwerte.

Immerhin bin ich seit 17 Jahren mit meiner Frau (sehr glücklich) verheiratet und weiß, dass sie keine halben Sachen macht. „Nachdem das Vorzimmer so schön ist, habe ich erst bemerkt, wie schmutzig die Wände der Kinderzimmer sind", begründete sie einleuchtend ihre Entscheidung, das gesamte Parterre schneeweiß-matt färbeln zu lassen.

Im Stillen hoffte ich zuversichtlich, die Kinderzimmer wären am Wochenende ausgemalt. Ich hatte allerdings nicht damit gerechnet, dass der hochmotivierte Maler seine Arbeit derart gründlich, aber auch zeitintensiv verrichten würde. Harmlose Risse legte er bis zur Grundmauer frei, um sie dann mit ungeheuren Spachtelmassen wieder zuzukitten.

Auch einem Laien wie mir wurde bald klar: Der muntere Mann, der meinen Kindern schon recht ans Herz gewachsen war und mit ihnen in seinen Pausen Fußball spielte, würde noch längere Zeit Gast in unserem Haus sein...

SCHNEEWEISS-MATT II

Eigentlich hätte er nur das Vorzimmer schneeweiß-matt färbeln und einen Tag bleiben sollen. Inzwischen sind drei Wochen vergangen, und er ist immer noch da.

Bei meinen Kindern hat unser freundlicher Maler einen gewissen Kultstatus erlangt. Seine zahlreichen Tätowierungen und seine Vorliebe für Hard-Rock-CDs, die er von sich zu Hause mitnimmt und bei uns lautstark abspielt, verleihen ihm eine Aura des Exotischen. Heavy-Metal-Klänge scheinen seinen Malrhythmus jedenfalls zu beschleunigen: Über das Stiegenhaus hat er sich bereits zügig in den oberen Wohnbereich vorgearbeitet.

Er kommt gut voran, und meine Hoffnung, seine Tätigkeit werde vor dem Osterfest abgeschlossen sein, war nur einmal kurz erschüttert: Statt um acht Uhr zu erscheinen, war er auch zu Mittag noch nicht da.

Die Lage war einigermaßen gespannt, weil Eiskasten und Herd

ebenso im Wohnzimmer standen wie unser Ehebett und wir – sehr zum Gaudium unseres Nachwuchses – aus Matratzen ein Notlager im Badezimmer errichten mussten.

Gegen 14 Uhr erschien er doch noch, worüber meine liebe Frau so glücklich war, dass sie mich umarmte und mir immer wieder selig ins Ohr flüsterte: „Er ist da ! Er ist da !"

Auf Grund seines verspäteten Auftritts konnte die Küche logischerweise auch am Abend noch nicht benützt werden, obwohl ein lieber Freund, der uns in derlei Krisensituationen schon oft geholfen hat, Kurt tatkräftig unterstützte.

Wir zogen uns auf den Dachboden zurück und veranstalteten ein lustiges Picknick. Ein Teil kniete, der andere saß auf dem Bretterboden und verzehrte zufrieden Pizzastücke.

Die Stimmung war ausgezeichnet, da die Erinnerung an unsere Campingaufenthalte in Italien wach wurde. Beim Hinuntergehen wurden wir jedoch wieder mit der harten Wirklichkeit konfrontiert: Die letzte Stufe war von Wiege und Mikrowelle verbarrikadiert.

Meinen Kindern bietet die aufgelöste Wohnordnung vielerlei Abwechslung. Vor allem Versteckenspielen unter ständig sich verändernden Bedingungen erfreut sich großer Beliebtheit. Ich hingegen würde ein baldiges Malende begrüßen.

Im Grunde darf ich mich freilich über meine derzeitigen Arbeitsbedingungen nicht beklagen: Während ich diese Zeilen schreibe, sitze ich im Gartenhaus und bin ganz entspannt. Die Wände hier sind 100-prozentig aus Holz, und es gibt keine Mauer, die schneeweiß-matt zu streichen wäre.

P. S. Beim familieninternen Drehfußballturnier belegte Kurt den achtbaren zweiten Platz. Wenn er einmal nicht mehr bei uns arbeiten sollte, wird er uns allen fehlen.

KURT IST WIRKLICH FORT

Womit niemand in unserer Familie ernsthaft gerechnet hatte, wurde vor kurzem wahr: Unser munterer Maler, der vier Wochen lang bei uns nicht nur gearbeitet, sondern vielmehr gelebt hatte, erklärte plötzlich seine Tätigkeit für beendet, nachdem er auch alle Türen und Türstöcke schneeweiß-matt gestrichen hatte.

Seit diesem Abend ist unser Haus von einer gewissen Leere erfüllt. Vor allem meinen kleineren Kindern scheint er abzugehen. „Wann kommt der Kurt wieder?", fragen sie immer wieder und wollen sein Verschwinden nicht so ohne Weiteres zur Kenntnis nehmen.

Mein Hinweis, dass sie in 14 Tagen der Osterhase besuchen werde, brachte nicht die erhoffte Wirkung. „Wir wollen nicht den Osterhasen, wir wollen lieber den Kurt", bestehen sie eigensinnig auf einer Rückkehr des kinderfreundlichen Malers. Ich bin trotzdem optimistisch, dass ihre Sehnsucht nach ihm schwinden wird, wenn einmal alle Spuren seiner Anwesenheit getilgt sind.

Mein Beitrag dazu war sehr bescheiden. Ich füllte den Kofferraum unseres Kleinbusses mit Dutzenden leeren Acryltuben, Eimern von Reparaturspachtelmasse, Farbdosen, Tiegeln mit hart gewordenem Zwei-Komponenten-Kleister, ausgedienten Pinseln, Rollen und sogenannten Malermauserln sowie Bergen von Abdeckfolie, um alles auf dem Sturzplatz zu entsorgen, und löste etliche leere Bierkisten als Pfandgut ein.

Meine liebe Frau hingegen führt immer noch einen beispiellosen Kampf gegen die Verwüstung unseres Hauses und für die Wiederherstellung der alten Wohnqualität.

Ähnlich wie Sisyphus verrichtet sie Arbeiten, die nie zum Ziel zu führen scheinen. Während unsere Knaben jedoch dem Helden der griechischen Mythologie gewisses Mitleid entgegenbringen, registrieren sie die Putztätigkeit ihrer Mutter ziemlich emotionslos: „Unseretwegen hätte das Haus wirklich nicht ausgemalt werden müssen. Eigentlich wollte das nur die Mama", lautet ihr plausibler Standpunkt.

Auch meine knapp zweijährige Tochter Sophie versteht den tieferen Sinn der vorösterlichen Malaktion noch nicht. Die schneeweiß-matt gefärbelten Wände müssen ihr den Eindruck eines riesigen Zeichenblattes vermitteln.

Ihre ersten Versuche, frühkindliche Wünsche durch spontane Aktionskunst auszuleben, wurden von unserem Maler noch mit einigen lässigen Pinselstrichen getilgt.

In den letzten beiden Tagen habe ich allerdings vermehrt Abdrücke winziger Kinderhände im Stiegenhaus entdeckt – leider ein letzter, trauriger Beweis: Kurt ist wirklich weg.

BASKETBALLHALLE

Ich weiß nicht, wie oft ich schon den Rat gelesen habe, Medikamente, Putzmittel und alkoholische Getränke zuverlässig so aufzubewahren, dass sie keinesfalls in Kinderhände gelangen können.

Noch nie jedoch habe ich Hinweise darauf gefunden, welche Bereicherung seiner öden Wohnumgebung ein durchschnittlich phantasiebegabtes Kind vermittels einer Tube Senf, eines – z. B. signalroten – Markierstiftes oder des Inhalts des Biomülleimers vorzunehmen imstande ist.

Ich hielt derlei Eskapaden allerdings bis vor kurzem für ein strikt auf das Vorschulalter beschränktes Entwicklungsmerkmal. Meine drei älteren Söhne jedoch, allesamt dem Gymnasiastenstand angehörig, sollten mich eines Besseren belehren.

Ich hatte mir nichts weiter dabei gedacht, als mich mein drittgeborener Sohn Nikolaus artig fragte, ob er aus der Werkzeugkiste eine Rolle Isolierband nehmen dürfe.

Ich bin prinzipiell immer bereit, Manifestationen kindlicher Kreativität nach Kräften zu fördern. So wurden im Lauf der Jahre Holztribünen, Rodeln und Segelschiffe in Angriff genommen, waren allerdings nie über einen zugegebenermaßen schwungvollen Baubeginn hinausgeraten.

Wie hätte ich ahnen können, dass die drei nun in brüderlicher Eintracht das so genannte „große Kinderzimmer" in eine Basketballhalle zu verwandeln gedachten, wobei sie sämtliche Bodenmarkierungen, exakt auf den verkleinerten Maßstab umgerechnet, mit bunten Klebestreifen auf dem Holzboden fixierten und zwei Papierkörbe an die einander gegenüberliegenden Fenster hängten.

Da sich unser hoffnungsvoller Nachwuchs freundlicherweise eines Softballs bediente, ging nicht einmal eine Scheibe zu Bruch, und mit Hilfe benzingetränkter Wattebausche konnten auch die Verklebungen auf dem Fußboden innerhalb dreier Viertelstunden wieder leidlich beseitigt werden.

Die Spuren des Wurfkreises auf dem alten Holz werden meine liebe Frau und mich freilich noch an die wohl schönste Zeit unseres Lebens erinnern, wenn wir alt und allein sein werden – und die Marmeladeflecken hinter dem Küchentisch, die Kugelschreiberkritzeleien im Wohnzimmer und die Zahnpastaabziehbilder auf der Badezimmerwand längst übermalt sind.

Nichtigkeiten
des Lebens

AUFSTEHEN, LIEBE KINDER!

Das Schönste an den Ferien ist für mich und unsere Kinder, nicht in aller Früh aufstehen zu müssen. Die heikle Aufgabe, sie während der Schulzeit zu wecken, obliegt mir.

Nun kann ich keinesfalls von mir behaupten, dass ich munter und voller Tatendrang aus den Federn springe, wenn um 5 Uhr 45 der Wecker läutet. Manchmal horche ich in mich hinein, ob nicht vielleicht eine leichte fiebrige Erkältung, unbemerkt in den Nachtstunden aufgetreten, es angeraten scheinen lässt, lieber im Bett zu bleiben.

Dieser Umstand tritt jedoch beinahe nie ein; also stehe ich auf, mache das Frühstück und warte auf meine lieben Kinder. Aber sie kommen nicht, bis auf eine Ausnahme: Antonia sitzt im Schulgewand bei Tisch.

Da seit Minuten aus dem Parterre der markante Ton einer Polizeisirene zu hören ist, sehe ich nach dem Rechten. Der Anblick, der sich mir bietet, weitet mein Vaterherz. Obwohl der

UND WENN ES IN DER FRÜH
NICHT KLAPPT MIT IHM,
KRIEGEN WIR EINEN
PASSENDEN SUPPENTOPF
AUS EDELSTAHL.
GRATIS!

Wecker bereits schrillste Alarmtöne von sich gibt, schlummern meine Knaben weiterhin friedlich.

Der erste Versuch, sie aus ihrem Tiefschlaf zu holen, scheitert daran, dass ich, von Rührung übermannt, von meiner Stimme viel zu sanft Gebrauch mache: „Aufstehen, liebe Kinder!" Aber auch der zweite Versuch, akustisch Druck zu machen, zeigt oft keinerlei Wirkung.

Erst wenn ich zu Methode drei greife – ich zerre ihnen ihre Bettdecken weg und ziehe sie in eine einigermaßen vertikale Lage hoch –, beginnen sie langsam zu begreifen, worum es geht.

Sie taumeln über die Stiegen hinauf, wobei sie stets ein friedlich herunterbaumelndes tibetanisches Glockenspiel rammen und in eine kakophone Klangwolke verwandeln.

Haben sie solcherart das Obergeschoss gewonnen, ist das noch lange nicht gleichbedeutend mit dem Erreichen des Frühstückstisches. Meist kleben sie nämlich für einige Minuten regungslos an den Heizkörpern im Badezimmer. Sehr beliebt als Zwischenstation ist auch eine kleine Wiege, die eigentlich als Bettstatt für meine 20 Monate alte Tochter vorgesehen war.

Irgendwann gelangen meine Buben dann doch in die Küche, wo sie mir missmutig mitteilen, sie hätten unmöglich Zeit zu frühstücken. In panischer Hast stürzen sie aus dem Haus und vergessen dabei oft auf ihre Jause oder den Turnbeutel. Es ist auch schon vorgekommen, dass eine Schultasche im Haus blieb.

Ich bin allein und grüble darüber nach, wie ich mein Wecksystem verbessern kann. Da mir keine sinnvollen Maßnahmen einfallen (auch der Ankauf einer Uhr mit Schiffssirene hatte sich als erfolglos erwiesen), tröste ich mich mit dem unwiderlegbaren Faktum: Meine Söhne sind eben keine Morgenmenschen – genau wie ich.

EINE VOLL GEILE AUFGABE

Mit dem Eintritt in die Schule erfuhren unsere Kinder, dass der Wortschatz der deutschen Sprache viele geheimnisvolle Vokabeln enthält, die zwar häufig gesprochen, aber selten gedruckt werden – sieht man von einigen zeitgenössischen Autoren ab. Innerhalb weniger Stunden wurde das verbotene Wissen genüsslich an die kleineren Geschwister weitergegeben, die wiederum zum Gaudium der Großen und in Unkenntnis der Bedeutung die Wörter nachplapperten: „Assloch!"

Auch der anfangs energisch vorgetragene Protest der Eltern vermochte die Flut von zum Teil hässlichen Schimpfwörtern nicht wirklich einzudämmen. Immerhin konnten wir uns aber auf eine Art Waffenstillstand einigen: In unserer Gegenwart haben die Knaben den Gebrauch und die Weitergabe von Kraftausdrücken jeglicher Nuancierung zu unterlassen.

Während wir also in diesem Punkt eine Pattstellung erreichen, haben wir den Kampf gegen gewisse Modewörter längst verloren. Unangefochtener Spitzenreiter in der Hitliste der am häufigsten gebrauchten Wörter ist das vornehmlich von meinen Söhnen verwendete Adjektiv „geil".

Laut Jakob und Wilhelm Grimms „Deutschem Wörterbuch" bedeutete „gilus" im Mittelhochdeutschen „froh, lustig, gut gelaunt".

Meinen Buben ist die Etymologie jedoch ebenso fremd wie der Umstand, dass seit dem 20. Jahrhundert „geil" eine eindeutig erotische Bedeutung hat. Für sie ist nahezu alles geil: ein geiles Tor, eine geile Sonnenbrille, eine geile Aufgabe (selten!). Ausdruck höchster Bewunderung ist die Zusammensetzung mit „voll". „Der Urlaub war voll geil."

An zweiter Stelle rangiert das dem Englischen entlehnte „cool"
(= kühl, kalt): Ein Pullover ist jedoch nicht auf Grund seiner
Wolle cool, sondern wegen seines Outfits.

Eine demographisch interessante sprachliche Sonderform ist
das vorwiegend von Hauptschülern und Nachwuchskickern
mundartlich gepflogene „Oida" (= Alter): „Bist deppert, Oida,
wo schiaßt'n hin, Oida!"

Warum in einer Zeit, in der Jugendlichkeit geradezu zum Kult
erhoben wird, 12–14-Jährige einander freundschaftlich als Se-
nioren bezeichnen, weiß ich nicht.

Bei unserem Schulkind Nummer sechs kann uns nichts mehr
erschüttern: Anna kennt alle einschlägigen Ausdrücke längst.

Kopfzerbrechen bereitet mir nur der Gedanke, dass im Rahmen
der Weihnachtsaufführung der Volksschule unserer Kinder
meine kleinste Tochter Sophie mit vorgestrecktem Mittelfinger
auf die gütige Schwester Direktor zuläuft und ihr ein herzhaftes
„Assloch" zuruft.

MEINE KIDS SIND OKAY

Meine Kids sind total okay. Ehrlich. Mein Ältester ist echt gut drauf, auch wenn er sich am Wochenende nicht niederkübelt. Er hängt (noch) in keiner Disco rum, sondern gibt sich zu Hause die Musik von den Stones voll. Die Power von den Kinks findet er heavy, den neuen Song von R.E.M. echt hart. Ich bin wirklich happy, dass er kein Grufti ist. Außerdem hat er schnell gecheckt, dass Tschicken nichts bringt.

Mein Zweitältester ist ein cooler Typ, verstehst? Er hat einen schnellen Überreißer und macht selten Troubles. Manchmal freilich lässt er die Sau raus. Vor Tests hat er oft ein voll geiles Feeling, trotzdem nervt ihn die Schule. Im Öl war er noch nie. Bisweilen haut er den Macho runter, aber meist ist er echt locker drauf. Er steht in der Früh immer zu spät auf und muss dann in die Schule koffern. Fußball gibt ihm alles. Auch bei einem geilen Tor flippt er nicht aus. Spitze ist er im Verarschen, da legt er sogar mich.

Mein Dritter macht oft Ansagen, da musst echt abschnallen. Er hat einen total coolen Spruch, aber noch keine Tussi abgeschleppt und einen Horror vor roten Schnecken. Manchmal zieht er mir den Nerv, wenn er eine Wahnsinns-Power draufhat. Aufs Aufräumen steht er voll nicht.

Meine größte Tochter ist irrsinnig lieb. Sie motzt nur selten und macht nie Zoff. Manchmal findet sie die Ansagen ihrer Brüder echt geschockt. Für sie ist alles roger und sie ist auch während der Schulzeit total relaxed.

Mein Fünfter liebt Äcktschn. Es passiert hin und wieder, dass er Mist baut. Nach dem Essen macht er immer gleich den Abflug, weil er auf Schulaufgaben keinen Go hat. Straßenbahnfahren

ist für ihn absolut stark, vom Zähneputzen seilt er sich gerne ab. Zu seinen Hobbys zählt Fetzen. Zum Aufreißen fehlen ihm (noch) die Bräute. Sein Lebensmotto: Da hilft alles nix, du musst einfach drüberstehen.

Meine beiden Girlies sind total süß. Sie kriegen nie die Panik, außer wenn´s um Süßigkeiten geht. Dann rotieren sie. Auf Italo-Sound fahren beide voll ab. Tanzen können sie echt steil. Sie sind richtige Turbo-Girls, die sich wegen jeder Kleinigkeit voll abhauen.

Obwohl mein kleinster Bub erst drei ist, hat er schon den vollen Durchblick. Vor Mitternacht ins Bett zu gehen, ödet ihn an. Er ist der volle Lego-Freak.

Wie gesagt: Meine Kids sind total super.

P. S. Im Umgang mit meinen Kindern wird mir erst bewusst, in welch trostloser Spracharmut ich meine (dennoch „klassen") Jugendjahre verbracht habe. Alter, abgefuckter, ausgepowerter Laschi – das ist echt arg!

ORDNUNGSLIEBE

Wenn meine liebe Frau einmal das Haus für längere Zeit – sagen wir, für zwei oder drei Stunden – verlassen hat, pflegt sie
nach ihrer Rückkehr die Worte auszustoßen: „Nein, wie es da
wieder ausschaut!" Der vorwurfsvolle Ton trifft nicht nur die
Kinder, sondern indirekt auch mich, der diesen Saustall zuge-
lassen hat.
Wieder einmal wurde die wichtigste Spielregel außer Kraft gesetzt: „Ihr dürft erst dann mit einem neuen Spiel beginnen,
wenn ihr das alte weggeräumt habt!"

Kleinlaut stehe ich in der Großbaustelle Kinderzimmer und sehe meiner Frau bei ihren Umgrabungsarbeiten zu. Da Ordungsliebe einen Menschen offensichtlich vollständig (oder gar nicht) in Besitz nimmt, durchsucht sie nach einem solchen Desaster sogar den Staubsaugersack nach Lego-Klein- und Kleinstbestandteilen wie etwa einem Dolch oder einem Blaulicht.

Immer noch hat sie die Hoffnung nicht aufgegeben, dass ihr irgendwann einmal Unterstützung aus dem engsten Familienverband zuteil wird. Zwei davon kommen leider nicht in Frage. Der eine ist mein ältester Sohn, dem ich einmal, noch in der Volksschule, zufällig beim Einpacken seiner Schultasche zusah. In der bereits verwaisten Klasse rutschte er in einem Radius von gut drei Metern den Boden ab, um seine Schulutensilien aufzulesen und sie über seinem Ranzen aufzuhäufen.

Nie werde ich seinen Anblick vergessen, wie er dann, nicht zornig seinen Schulfrust ausagierend, sondern eher bedächtig seine Unterrichtsmittel mit dem rechten Fuß in die Tasche trat; manchmal auch kräftiger, wenn sich ein gebundener Unterrichtsbehelf als ein wenig sperrig erwies. Schlagartig wurde mir damals bewusst, dass aus ihm wohl nie ein Mensch nach den Ordnungskriterien seiner Mutter werden würde.

Der andere, der meine Frau in ihrem heroischen Kampf gegen die Unordnung nicht unterstützen kann, bin ich. Ein flüchtiger Blick über meinen Schreibtisch sagt alles.

Ich bin also moralisch nicht im Recht, meinem Sohn Vorhaltungen wegen seines unaufgeräumten Zimmers zu machen. Ich kann nur staunend davor stehen und nicht ganz ohne Rührung feststellen: In diesem Punkt ist er ganz nach mir.

NICHTIGKEITEN DES LEBENS

Als Vater (und noch viel mehr als Mutter) von acht Kindern wird man bei uns vorwiegend bedauert. Wohlmeinende Mitmenschen freilich spenden einem Trost, indem sie auf die Reife unserer drei älteren Söhne (17,15,14) anspielen: „Na ja, die drei Großen sind sicherlich schon eine wertvolle Hilfe im Haus."
Haben die eine Ahnung ...! So können nur Menschen reden, denke ich, die entweder kinderlos geblieben sind oder deren Nachwuchs längst jenen Lebensabschnitt hinter sich gelassen hat, den die Entwicklungspsychologie verharmlosend als Pubertät bezeichnet.
Ich gebe zu, dass auch ich mich manchmal nach den fernen Jahren sehne, in denen ich, abgeklärt und milde, auf die Zeit zurückblicken werde, als meine Söhne 15 gewesen sind.
Heute jedenfalls fehlt mir bisweilen die Einsicht in die Geheimnisse dieses besonderen Lebensabschnittes. Für mich schwer nachvollziehbar ist z. B. ihr latenter bis manifester Erschöpfungszustand, wenn es darum geht, ihren eigenen Wohnbereich notdürftig in Ordnung zu halten.
So bedarf es größter Energie von Seiten ihrer Mutter, die (bedauerlicherweise) geradezu körperlich unter Unordnung leidet, ihnen begreiflich zu machen, dass verschmutzte, halbgewendete Pullover, (zu) lange getragene Socken oder schmutzige Jeans mit in sich gekehrten Hosenbeinen nicht unter das Bett, sondern vor die Waschmaschine zu legen sind.
Ein beinahe täglicher Kampf entzündet sich am Ausräumen ihrer Sporttaschen. Meine Söhne wollen einfach nicht einsehen, dass sich nasse Handtücher und zusammengeknüllte Fuß-

balltrikots nach einer gewissen Zeit olfaktorisch unangenehm bemerkbar machen.

Hin und wieder gibt meine Frau ihrem leichten Hang zum Masochismus nach und untersucht Schulrucksäcke: Zwischen Unterrichtsmaterialien, Apfelbutzen, zerquetschten Mandarinen, Zuckerlpapierln und benutzten Taschentüchern zieht sie nicht ohne einen gewissen Entdeckerstolz eine Entschuldigung heraus, die schon vor 14 Tagen abgegeben werden hätte sollen.

Nach einer solchen Inspektion kann es durchaus vorkommen, dass meine liebe Frau ziemlich unfroh reagiert. An den Knaben freilich scheint jegliche Kritik abzuprallen. Sie sind nicht gewillt, sich mit derartigen Nichtigkeiten des Lebens auseinanderzusetzen.

Offenbar fürchten sie durch banale Handgriffe wie das tägliche Ein- und Auspacken ihrer Schulsachen eine Einengung ihres Blicks für das Wesentliche. Und durch die ständige Wiederholung einen Verlust ihrer Kreativität.

KEINER WAR'S – WIE IMMER

Das Zusammenleben mit mehreren Kindern ist abenteuerreich und voller Überraschungen. So findet meine liebe Frau auf ihren täglichen Streifzügen durch die Kinderzimmer Buttermesser auf Heizkörpern, Apfelbutzen unter Bettdecken oder lang gesuchte Elternbriefe in der Spielzeugkiste.
Ihre einfache Frage „Wer hat schon wieder die Eiskastentüre offengelassen?" wird unmissverständlich eindeutig, nämlich gar nicht, beantwortet: Es war wie immer niemand.
Seit einiger Zeit gibt es jedoch einen reizenden Sündenbock: unsere kleinste, gerade zwei Jahre alte Tochter. „Wahrscheinlich war es die Sophie", mutmaßen meine großen Söhne gelangweilt, wohl wissend, dass diese auf Grund ihres noch ein-

geschränkten Sprachvermögens bald in Argumentationsnotstand geraten dürfte und außerdem noch nicht strafmündig ist. Meine Frau freilich, die nicht nur ungeheure Energien, sondern auch eine kriminalistische Ader hat, will diese plumpe Vertuschungstaktik nicht akzeptieren.

Täglich versucht sie aufs Neue eine Rekonstruktion des Tathergangs. In kraftraubenden, detailfreudigen Verhören gelingt es ihr hin und wieder, einen Schuldigen auszumachen.

In vielen Fällen bleibt jedoch die Tat ungeklärt. Es lässt sich – trotz penibelster Recherche – nicht mehr zweifelsfrei feststellen, wer es war, der die neuen Tormannhandschuhe im nassen Gras liegen oder die kleine Sophie unbeaufsichtigt auf dem Dachboden ließ.

In diesen Fällen habe ich, der leider an keine Wunder mehr glaubt, eine möglicherweise weit hergeholte, zugleich aber nahe liegende Erklärung: Es kann nur unser zurückgezogen und allein lebender Nachbar gewesen sein. Ich bin wirklich froh, dass es ihn gibt.

So vermag ich auf die immer wiederkehrende Frage meiner Frau: „Wer war's?" eine alle zufriedenstellende Antwort zu geben: „Wahrscheinlich war´s der Herr Gruber."

Dieser freut sich, so scheint es, über den unerhofften Familienanschluss und nimmt seither Rollerskates, CD-Player und Lego-Kräne in Betrieb, ohne den rechtmäßigen Besitzer zu fragen oder die Dinge wieder an ihren angestammten Platz zu räumen.

In letzter Zeit wird er allerdings unverschämt. Da von all meinen Kindern kein einziges das letzte Schüsserl Erdbeeren aufgegessen hat, das meine Frau für mich zur Seite gestellt hatte, werde ich wohl einmal mit ihm reden müssen. Irgendwo hat meine nachbarliche Großzügigkeit ihre Grenzen ...

PFLICHTEN IM HAUSHALT

Wir haben keine Haushaltshilfe. Deshalb empfinde ich meinen Wunsch nicht als allzu maßlos, dass meine Kinder (gemeinsam mit mir) ihre Mutter in ihrer äußerst vielfältigen Arbeit ein wenig unterstützen.

Nun ist mir bewusst, dass das Zusammenleben mit Pubertierenden größter Behutsamkeit und Vorsicht bedarf. Die wichtigste Grundregel: Überfordere nie Jugendliche, denn in dem sehr sensiblen Lebensabschnitt zwischen 14 und 17 müssen sie offensichtlich viel Energie aufwenden, um eine geniale Gegenkultur zur öden Erwachsenenwelt zu entwerfen.

Also sind die täglichen Pflichten unserer Kinder – wie ich meine – wirklich bescheiden. (Meine Söhne sind in diesem Punkt naturgemäß anderer Meinung.)

Damit eine objektive Diskussionsgrundlage gegeben ist, habe ich die Zeit ihrer täglich zu erbringenden Hilfeleistungen gestoppt: 1. Bettmachen (17 Sekunden ohne Spannen des Leintuchs). 2. Das persönliche Geschirr in den Geschirrspüler stellen (3 x à 17 Sek.). 3. Apfelsaft aus dem Keller holen (Jeder kommt maximal zweimal in der Woche dran. Absolute Zeit 1 Minute 7 Sekunden, aliquote Tagesbelastung 19 Sek.). 4. Rest- bzw. Biomüll zur Mülltonne tragen (jeweils einmal pro Woche. AZ 1 Min.17 Sek., AT 11 Sek.). 5. Altpapier entsorgen (einmal in vierzehn Tagen. AZ 2 Min. 50 Sek., AT 12 Sek.). 6. PVC-Müll entsorgen (einmal im Monat. AZ 3 Min.10 Sek., AT 9 Sek.). Aus dieser Aufstellung ergibt sich eine tägliche Arbeitszeit von 118 Sekunden.

Fairerweise muss ich anführen, dass meine Kinder hin und wieder außerordentlichen Belastungen ausgesetzt sind wie z. B.

dem Ausräumen des Geschirrspülers. Da es hier keine fixe Regelung gibt, kommt es immer wieder zu Diskussionen: „Warum schon wieder ich? Ich hab' ihn doch erst vor sechs Wochen ausgeräumt ...".

Während also meine älteren Söhne ihre Hausarbeit mit jedem Jahr als mühsamer empfinden, verhält es sich bei meinen Kleinen genau umgekehrt: Bereitwillig unterstützt mich meine Tochter Sophie (2) beim Tischdecken; ihre „Hilfe" bedingt allerdings einen nicht unerheblichen Materialverschleiß.

Wann die anfängliche Begeisterung für Arbeiten im Haus in ihr Gegenteil umschlägt, vermag ich nicht genau zu sagen. Möglicherweise ist es doch früher als von mir ursprünglich angenommen.

Als ich nämlich unlängst meinen jüngsten Sohn Jakob (4) bat, einen Löffel vom Küchenboden aufzuheben, gab er mir mit müder Stimnme zur Antwort: „Ich mag nicht, vom Bücken werd' ich immer so leicht schwindlig."

„DU MUSST ALLES AUFESSEN!"

Wenn ich die vielen Schokolade-Osterhasen sehe, die ungefährdet das Pfingstfest überleben werden, allerdings als kopf-, zumindest aber ohrenlose Torsi, muss ich an die Worte meiner Mutter denken: „Du musst alles aufessen, was auf dem Teller ist." Und: „Essen wegzuwerfen, ist eine Sünde."
Das ist lange her. Aber ich weiß noch gut, wie wir Kinder alles zusammenkratzten, bis der Teller blitzblank war. Kein Fettrand durfte übrig bleiben, keine Flachse. Und wir mussten von allem wenigstens kosten.
Wenn ich den (kleinen) Pflichtschöpfer Spinat hinuntergewürgt hatte, schwor ich mir: Bin ich erst einmal groß, werde ich nie wieder Spinat essen. Heute genieße ich rätselhafterweise dieses gesunde Blattgemüse ganz besonders. Schwer zu sagen, ob meine Vorliebe dafür mit der kompromisslosen Erziehung meiner Mutter zusammenhängt.
Gelernt hatte ich jedenfalls etwas Praktisches: Ich konnte essen, auch wenn es mir nicht schmeckte. Eine Gabe, die sich vor allem auf Schikursen positiv auswirkte. Während Mitschüler die Erbswurstsuppe angeekelt von sich schoben, löffelte ich den Teller tapfer leer.
Einladungen jeglicher Art konnte ich gelassen entgegensehen: Ich aß immer alles auf – bis auf ein Mal. Es gab Sterz – eine mittlere Katastrophe für mich.
Ich portionierte ihn in kleine Kügelchen, um diese dann mit großen Blättern grünen Salates zu ummanteln und ungekaut hinunterzuschlucken. Diese Technik bewährte sich so lange, bis ich mit Entsetzen feststellen musste, dass ich keinen Salat mehr, wohl aber Sterz auf meinem Teller hatte. Qualvolle Mi-

nuten vergingen, bis ich den ersten salatlosen Bissen hinuntergewürgt hatte.

Die Mutter meines Schulfreundes erfasste bald meine verzwei-
felte Lage: „Schmeckt's dir nicht?" – „Doch, es ist ausgezeichnet!", log ich wohlerzogen. „Willst ihn nach Hause mitnehmen, zum Aufwärmen am Abend?", kam mir die gütige Frau zu
Hilfe.

Am liebsten wäre ich ihr um den Hals gefallen, als sie mein
Jausensackerl füllte, das ich, kaum hatte ich das Haus verlassen, unter den blühenden Fliederstrauch leerte – als Nahrung
für hungrige Vogerln.

Diese Geschichte kommt mir immer in den Sinn, wenn ich
meine Kinder in den letzten Bissen herumstochern sehe. Und
dann frage ich mich, ob meine Mutter wirklich Recht gehabt
hat.

Aber aufgegessen wird trotzdem.

„LÜMMEL BITTE NICHT SO!"

Mit zunehmendem Alter entdecke ich an mir seltsame Züge, die mir früher nicht aufgefallen sind. So überfällt mich zum Beispiel regelmäßig körperliches Unbehagen beim Anblick eines klebrigen Plastiktischtuchs. Ein lediglich auf diesen Bereich des Haushalts beschränkter Putzzwang lässt mich immer öfter zu einem Wettex oder einem Stück Küchenrolle greifen, um Ketchuppatzen, Honigflecken oder Butterreste zu entfernen. Vielleicht ist mein bereits manifester Putzzwang ein Grund dafür, dass ich meinen Kindern ein Mindestmaß an Tischmanieren abverlange. Möglicherweise hängt aber meine Forderung nach einigermaßen geräusch- und spritzfreiem Essverhalten auch mit meiner Kindheit zusammen.

Meine Mutter legte nämlich großen Wert auf gutes Benehmen im Allgemeinen und auf Tischmanieren im Besonderen. Ich glaube, ich habe keinen Satz von ihr öfter gehört als jenen:

„Halt dich gerade und gib die Ellbogen vom Tisch!" Wenn meine Geschwister und ich ihrer Aufforderung nicht nachkamen, erzählte sie uns, wie ihr beigebracht worden war, nicht zu lümmeln.

Sie hatte eine sehr strenge Klosterschule besucht, deren Schwestern mit durchaus anschaulichen, heute allerdings nicht mehr praktizierten Methoden Tischsitten vermittelten. Wer lümmelte, bekam unter jede Achsel ein Buch gesteckt und musste nun mit angepressten Ellbogen seine Mahlzeit zu Ende essen.

Als Akt weiterer Verschärfung konnte zu den beiden Büchern unter den Armen auch noch ein drittes auf dem Kopf zu liegen kommen, nämlich dann, wenn sich ein Zögling zu weit über den Teller beugte und somit die geforderte gerade Haltung vernachlässigte.

Meine Mutter verpflichtete uns niemals zu dieser doch ein wenig ungemütlichen Übung. Dennoch wollten wir die „Buchmethode" der Nonnen versuchen. Ich erinnere mich noch gut, wie wir unter großer Kraftanstrengung (vielleicht waren die Bücher zu schwer) ein paar Bissen zum Mund führten – allerdings mit ordnungsgemäß angewinkelten Ellbogen.

Meine Vorstellungen von einem gemeinsamen Mittagessen sind vielleicht altmodisch, haben sich jedoch bewährt. Es beginnt mit einem kurzen Gebet und endet für meine Kinder mit der Frage: „Darf ich bitte aufstehen?" Sie kommen und gehen also nicht, wann sie wollen. Die Mahlzeiten sind Fixpunkte im Tagesablauf.

Wenn wir zu zehnt um den Küchentisch sitzen, bleibt für jeden Einzelnen nicht allzu viel Platz zum Lümmeln. Dennoch ertappe ich mich immer wieder dabei, dass ich meine Söhne ermahne: „Halt dich gerade und gib die Ellbogen vom Tisch!"

DIE DALMATINER-SCHULTÜTE

Mit Sicherheit vermag ich nicht zu sagen, wer sich mehr auf die Schule freut: meine Frau oder unsere Tochter Anna. Ich tippe auf meine Frau. Immerhin hat sie vor mehr als einem Jahr bereits begonnen, die Schultüte zu befüllen, und zwar mit unzähligen entzückenden Artikeln im Dalmatiner-Design. Überall, wo sie Waren mit den markanten Hündchen entdeckte, kaufte sie. Sie kaufte in Kroatien und Italien ebenso wie in Lieboch oder Feldbach.

Längst finden Spitzer, Lineals, Namensschildchen, Handtücher, Unterwäsche und Haarspangen in der handelsüblichen Schultüte keinen Platz mehr. Glücklicherweise entdeckte meine Frau in einem Katalog eine rote Sporttasche mit sich balgenden Dalmatinerwelpen, sodass auch eine Jausenbox, Turnleibchen, ein Ringlein sowie ein Zahnputzbecher mit dazupassender Zahnpasta untergebracht werden können. Der Reißverschluss allerdings lässt sich nicht mehr schließen.

Der größte Erfolg auf der Suche nach Dalmatiner-Utensilien gelang ihr in einem Papiergeschäft in Grado. Da es an diesem Vormittag bereits das dritte war, hielt sich mein Interesse für gemusterte Radiergummis in Grenzen.

Ich hatte mich auf den einzigen Sessel gesetzt und versuchte mich an meine Schulhefte zu erinnern, doch es wollte kein klares Bild entstehen. Ich weiß nur noch, dass sie meist leer oder schnell verloren waren.

Da schreckte mich ein Schrei aus meinen Gedanken. „Gottfried!" Es war die aufgeregte Stimme meiner Frau. Ich taumelte hoch und stürzte zu ihr hin. Auch zwei Verkäuferinnen und ein Kunde machten sich um sie Sorgen. Sie stemmte glücklich eine

Schultasche in die Höhe: „Sie ist die süßeste, die ich je gesehen habe."

Meine Kenntnis in punkto Schultaschen ist bescheiden. Aber in diesem Fall wurde sogar mir sofort bewusst, dass es sich um ein wahres Prachtexemplar handelte, rot-weiß gepunktet und selbstverständlich mit Dalmatiner-Emblem.

Zwar hatte ich längst den Überblick über unser gesamtes Dalmatiner-Sortiment verloren. Aber ich konnte mich dunkel entsinnen, dass meine Frau schon vor langer Zeit in Gleisdorf eine Schultasche nebst Federpennal, Handarbeitsköfferchen und Turnbeutel erstanden hatte.

Ich machte sie zaghaft auf diesen Umstand aufmerksam. „Aber die ist doch nicht für die Anna, die ist für die Sophie", wehrte sie meinen Einwand souverän ab.

Damit hatte ich nicht gerechnet. Schließlich haben wir erst im Sommer Sophies zweiten Geburtstag gefeiert.

Vom Jagen und Sammeln

Niemals hätte ich gedacht, dass heranwachsende Knaben solche Unmengen verdrücken können. Sie essen nicht nur zu den fixen Mahlzeiten, sie essen eigentlich immer.

Den Ankauf von Lebensmitteln und den Aufenthalt in Supermärkten empfinde ich als willkommene Gelegenheit, meine archaischen Triebe auszuleben. Als Jäger und Sammler bin ich ständig auf der Suche nach günstigen Sonder- oder Dauertiefpreisangeboten.

In meiner kindischen Gier, möglichst günstig einzukaufen, kann es durchaus vorkommen, dass sich auch Naturalien, die nicht ausschließlich den täglichen Nahrungsbedarf abdecken, in meinem Einkaufswagerl türmen.

So kam ich unlängst u. a. mit einem 15-l-Glas Pfefferoni, einer 10 kg schweren Thunfischdose sowie einem Gebinde mit acht Literflaschen Glühwein nach Hause, was unter meinen Kin-

ICH WEISS SCHON, DASS WIR KEINEN ELEPANTEN HABEN – ABER AN DIESEM ANGEBOT KONNTE ICH NICHT VORBEI!

W.T.

dern nicht nur für Heiterkeit sorgte, sondern auch Anlass zu Besorgnis bot: „Geht's dir wohl gut, Papa?"
Brot und Gebäck kaufe ich prinzipiell nach 18 Uhr zum halben Preis. Ich stehe in einer langen Schlange Gleichgesinnter. Vor mir eine ältere Frau, die endlich an die Reihe kommt. „Sagen'S, Fräulein, was ist denn das für ein Brot? Na, net das da vorne, das dahinter... Mit Fenchel? Na, mit Fenchel mag i net. Und das daneben – wieviel wiegt das? Na, ein Kilo ist mir zu viel. Roggenbrot haben'S keins mehr ... Ja, was soll i denn dann heut nehmen?"
Die Stimmung ist bereits ziemlich angespannt, als ich drankomme. „Bitte 30 Semmeln!" Während die Verkäuferin die letzten 29 in drei Säcke zählt, wage ich mich nicht umzublicken. Aber ich spüre, wie ich von unzähligen Augenpaaren durchbohrt werde. Einige Kunden verlassen resignierend das Geschäft.
Beim Einkaufen lässt sich gut die Volksseele ergründen. Vor ein paar Tagen bat mich vor dem Obststand eine alte Dame: „Können Sie lesen, woher diese Orangen kommen? – Aus Spanien? Nein, von dort kaufe ich nichts mehr. Da esse ich lieber österreichische Äpfel." Eine echt steirische Antwort auf die EU-Maßnahmen...
Nicht unschwierig ist die Wahl der richtigen Kassa. Trotz aller strategischen Überlegungen stehe ich jedoch stets in der falschen Schlange: Entweder funktioniert die Kreditkarte des Kunden vor mir nicht, oder es fehlt eine Preisangabe. Oder die Kassarolle muss ausgerechnet bei mir gewechselt werden.
Nur einmal war ich tatsächlich auf Erfolgskurs. Endlich würde ich schneller sein als meine Konkurrenten rechts und links. Da musste ich eine unangenehme Entdeckung machen: Ich hatte mein Geld vergessen.

DER MYTHOS VOM TEILEN

Der weit verbreiteten Meinung, Kinder in großen Familien würden teilen lernen, kann ich nur bedingt zustimmen. Richtig ist, dass unsere Kinder alles durch die Zahl Acht dividieren. Nun lässt sich dieses Rechenexempel etwa an einer Rolle Keks problemlos durchführen. (Etwaiger Rest fällt den Eltern zu.)

Schwierig wird es dann, wenn z. B. Erdbeeren, die ja zur Zeit noch keine Einheitsgröße haben, einigermaßen gerecht aufgeteilt werden sollen. Die oft unexakten Schätzwerte führen immer wieder zu hitzigen Diskussionen, sodass ich bereits ernsthaft den Ankauf einer Apothekerwaage in Erwägung zog – was den Vorteil hätte, dass die Gewichtsangabe in Milligramm vorgenommen werden könnte.

Für das Zerschneiden einer Torte wiederum hätte sich schon oft der Gebrauch eines Winkelmessers als vorteilhaft erwiesen. „Also Antonias Stück ist sicher viel größer als meines", heißt es mit einem kurzen Blick auf den Teller der Schwester, die wieder einmal bevorzugt worden ist.

Vor kurzem hatte sich eine heikle Situation ergeben: Für meine drei großen Söhne war als Nachspeise aus unerfindlichen Gründen (möglicherweise hat unser Nachbar Gruber, der alte Schelm, wieder einmal zugeschlagen) nur ein Magnum-Eislutscher übriggeblieben. Außerdem gab es noch zwei Jollys.

Da keiner zurückstehen wollte – wer verzichtet schon gerne freiwillig auf ein Magnum? – und sie (vernünftigerweise) davon absahen, den Eisbestand zu dritteln, hatte Nikolaus (14) die Idee, per Los den schokoladeummantelten Eislutscher zu vergeben. Eine Geldmünze wurde in die Luft geworfen: „Kopf oder Zahl!" Der Versuch musste allerdings abgebrochen werden, nachdem Dominik (17) auf Grund der geringen Wurfhöhe eine Manipulation vermutet hatte; er selbst schleuderte dann zwei Schillingstücke so schwungvoll in die Höhe, dass das eine in einer Ritze hinter dem Geschirrspüler, das andere unter dem Herd verschwand. Durch dieses kleine Missgeschick ließen sich unsere Knaben keineswegs irritieren, sondern schrieben ihre Namen auf kleine Zettel, die meine liebe Frau, quasi in der Rolle der Schicksalsgöttin, ziehen musste.

Der glückliche Gewinner hieß Benedikt (15), der sich in der Minute des Triumphes einen boshaften Seitenhieb nicht verkneifen konnte: „Also ich würd' mir schön öd' vorkommen, wenn ich jetzt einen Jolly essen müsst'."

Meine Kinder haben es (meistens) lustig miteinander. Aber wenn es um ein Magnum-Eis geht, verstehen sie keinen Spaß. Schließlich geht es ums Prinzip.

Und um Gerechtigkeit.

Das Christkind war da

Wer kommt als Nikolo?

Mein Beschluss, keinen Krampus mehr zu verpflichten, stieß nicht auf einhellige Zustimmung. Zwei meiner halbwüchsigen Söhne hätten gerne meinen Part übernommen und den Kramperl vor die Tür gesetzt: „Wir werfen Schweizer Kracher und drängen ihn dann aus dem Garten. Das wär′ geil." Da ich es auf diese Machtprobe nicht ankommen lassen wollte, ging ich auf ihr Angebot nicht ein.

Aber sogar meine damals sechsjährige Tochter Anna schien jegliche Angst verloren zu haben: „Der Klemens hat eine CD, da küsst ein Krampus ein Mädchen. Außerdem: War ich etwa nicht brav?" Für ihren Bruder Klemens bedeutet der 5. Dezember ohne den schwarzen Teixel schlicht keine „Äktschn".

Wenn vielleicht den Kindern der wahre Nervenkitzel fehlen wird, birgt für uns Eltern der Nikolotag immer wieder genug Spannung. Die stets mit ein wenig Bangnis gestellte Frage lautet: Wer kommt als Nikolo – ein Anfänger oder ein Routinier? Strahlt er himmlische Würde aus oder verrät sein Dialekt eine gewisse Bodenständigkeit? Improvisiert er oder hält er sich an die von meiner Frau für jedes Kind verfassten Plus-Minus-Listen? Kommt vielleicht wieder ein wirklicher Pädagoge wie der vor drei Jahren, der sich weigerte, auch nur ansatzweise milden Tadel aus seinem goldenen Buch vorzulesen?

Die letztjährige Nikolofeier habe ich als ziemlich turbulent in Erinnerung. Unter dem prächtigen Bischofsornat verbarg sich offensichtlich ein Schauspielstudent. Er überflog nur mit einem flüchtigen Blick die ihm ausgehändigten Blätter, um in freier Rede seinen Auftritt zu inszenieren. Mit dem Ergebnis, dass er Namen und die ihnen zugehörigen Vorzüge und (kleinen) Schwächen völlig durcheinander brachte. So wurde z. B. mein Ältester, ein liebenswerter, aber unverbesserlicher Chaot, für seinen Ordnungssinn gelobt, was seinen Brüdern Anlass zu anhaltender Heiterkeit bot. Die Kleinen hingegen schienen doch ein wenig irritiert. Jakob etwa wurde dafür belohnt, dass er immer so schön seine Aufgaben macht. Jakob war damals allerdings erst drei Jahre alt.

Als sich beim Abgang des Heiligen seine Mithra im Gewirr der zahllos von der Decke unseres Wohnzimmers hängenden Englein, Glöcklein und Äpfelchen verheddterte und bedrohlich schwankte, hatte das Fest einen unbeabsichtigten Höhepunkt.

Es muss also nicht immer der Krampus sein, der für „Äktschn" sorgt.

DAS CHRISTKIND WAR DA

Wenn meine Erinnerung zurückfliegt zu längst vergangenen
Zeiten, ist sie nie schöner, als wenn sie innehält an jenen De-
zembertagen, die für uns Kinder so wundervoll gewesen sind.
Ja, es war ein großes Geheimnis, als sich am Heiligen Abend
die Türe lautlos und wie von selber öffnete. Dann standen wir
vor dem riesigen Baum, der immer bis zur Decke reichen
musste, und vor der alten Krippe und staunten: Das Wunder
war wieder wahr geworden.
Da meine Eltern mir den Glauben an die Allmacht des Christ-
kinds nicht nahmen, dauerte er bis zur vierten Volksschulklasse
an. Ich weiß noch sehr gut, wie ich damals, nachdem uns die
Lehrerin den gut gemeinten Rat gegeben hatte, uns bei den Eltern für die Geschenke zu bedanken, aufgestanden bin und mit
fester Stimme behauptete: „Mein Vater zahlt keinen Gro-
schen."
Als dann die Wahrheit herauskam, blieb die Enttäuschung aus.
Im Gegenteil. Nie hätte ich mein Wissen den jüngeren Geschwistern preisgegeben. Es galt als unausgesprochene Über-
einkunft zwischen den Eltern und den großen Kindern, den
Kleineren ihren Glauben an das Christkind möglichst lange zu
lassen.
Ich weiß, es gibt gute Gründe, von allem Anfang an zu sagen,
dass es das Christkind gar nicht gibt. Und doch bin ich, wie
seinerzeit mein Vater, nun selbst Organisator jener kleinen Ver-
schwörung, die den Heiligen Abend so aufregend macht.
Das Zimmer, in dem die Bescherung stattfand, war – wie jedes
Jahr – ab dem 22. verschlossen. In der Nacht und von meinen
Kindern unbemerkt hatte ich zusammen mit einem guten

Freund den Baum, der selbstverständlich bis zur Decke reicht, geschmückt, mit altbewährtem, aber auch zeitgemäßem Zuckerwerk: So biegen sich die Äste unter der Last der Zuckerstangen und der Säckchen mit Gummibärlis und Colaflascherln ebenso wie unter jener der Vollmilchfrösche, Papageien und Schokoladeschirme, letztere Boten einer vertrauten und doch so fernen Zeit. Ein ständig wachsender Bestand von kunsthandwerklichem Christbaumbehang gibt dem Baum eine traditionell weihnachtliche Note.

Für einen Teil unserer Kinder war das Christkind da und hat wieder einmal, wie ich meine, viel zu viel gebracht. Beim Anblick meiner während der Mette erschöpft eingeschlafenen Jüngsten wünschte ich mir, dass sie noch eine Zeit lang ans Christkind glauben.

Wenn es einmal nicht mehr so ist, sind sie über ein Stück ihrer Kindheit hinausgewachsen, über einen Lebensabschnitt, der endgültig beendet ist.

Und kein Christkind bringt ihn wieder.

KÖNIG KASPAR ALS REBELL

Ein Vorteil unserer großen Familie besteht darin, dass wir problemlos in kürzester Zeit z. B. ein Sternsinger-Team auf die Beine stellen können. Anna (6) als Kaspar, Klemens (8) als Melchior, Antonia (12) als Balthasar sowie Nikolaus (13) als Sternträger und Dominik (16) als Betreuer der kleinen Gruppe machten sich am Dreikönigstag auf die Wanderschaft, um für die Mission zu sammeln. Benedikt blieb als Königs-Reservist auf Abruf zu Hause.

Die Vorbereitungen für diesen schönen Brauch verliefen nicht ohne Pannen, weil bis zum Morgen noch nicht feststand, wer den Kaspar geben würde: Anna oder doch ihr großer Bruder.

Meine kleine Tochter ist ein entzückendes, aber nicht ganz unschwieriges Mädchen. Ich sollte mit ihr den Text einüben, der aus vier paarweise gereimten Verszeilen bestand:

Hört nun die frohe Botschaft, ja!

Christus, der Retter, er ist da!

Hell scheint das Licht der heil'gen Nacht,

hat Frieden uns und Heil gebracht.

Das Textstudium begann vielversprechend. Anna sagte, überraschend motiviert und wie von mir verlangt, zehnmal hintereinander die beiden ersten Verse auf. Die Stimmung war ausgezeichnet. Die dritte Zeile allerdings erwies sich leider als ein wenig sperrig, vor allem das Adjektiv „heil'ge" wollte meiner Tochter nicht über die Lippen: „ Papa, das heißt heilige Nacht." Statt ihr Recht zu geben und auf den richtigen Rhythmus zu verzichten, beharrte ich kindisch auf der Textvorgabe. Daraufhin brach meine Tochter kurzerhand unsere Probenarbeit ab und zog überdies meine pädagogischen Fähigkeiten ernsthaft in Zweifel: „Warum muss ich den Satz zehnmal aufsagen, viermal genügt auch."

Ich bin mir bewusst, dass mein „Drilltraining" mit modernen Lehrmethoden nur schwer in Einklang zu bringen ist. Dennoch bestand ich trotzig darauf: „Zehnmal!"

Der Erfolg meiner konsequenten Haltung war bescheiden. Anna teilte mir unter Schluchzen kategorisch mit, dass sie unter diesen Bedingungen auf gar keinen Fall als König zur Verfügung stehe. Abbruch unserer Zusammenarbeit.

Nun kam meine liebe Frau ins Spiel. Sie stellte unserer Tochter listig eine kleine Geldprämie in Aussicht. Außerdem bat sie telefonisch eine Freundin, doch zurückzurufen, um Anna zu ihrer Rolle zu gratulieren: „Also ich finde das ganz toll, dass du heuer schon als König gehst. Meine Trixi würde sich das nie trauen."

Anna verschwand mit meiner Frau im Schlafzimmer. Ich durfte den Raum nicht betreten, aber wenn ich mein Ohr an die Tür presste, konnte ich einige Wörter, die meine Tochter ihrer Mutter offensichtlich ins Ohr flüsterte, aufschnappen: „Frohe Botschaft ... ist da ... heil'ge Nacht ... hat Frieden uns gebracht."

WEIHNACHTSBÄCKEREIEN

Der Besuch der Heiligen Drei Könige hatte eine der letzten guten Gelegenheiten geboten, den noch immer beachtlichen, wenn auch schon ein wenig aussortierten Bestand unserer Weihnachtsbäckerei zu reduzieren. Allerdings überraschte uns anderntags eine wohlmeinende Bekannte mit einem Säckchen Kokosbusserln – jener Sorte von Backwaren, die in meiner Familie bedauerlicherweise wenig Anklang findet und daher noch in unverhältnismäßig großer Anzahl vorrätig ist.
Mein Vorschlag, das Säckchen nicht zu öffnen und es zur Einladung meines Bruders mitzunehmen, stieß ob seiner Lieblosigkeit auf breite Ablehnung. Strenggenommen haben freilich meine Kinder in dieser Frage ihr Mitspracherecht verwirkt, da

sie seit Tagen keine Keksdose mehr öffnen. Ich hingegen habe mir vorgenommen, täglich neun Stück zu essen – dann wäre unsere Familie am 3. März „keksfrei".

Wenn ich über Weihnachtsbäckereien räsoniere, muss ich an meine Kindheit denken. Mein Vater hatte im Zuge seiner Radio-Tätigkeit eine pensionierte Volksschuldirektorin aus Steyerling (OÖ) kennen gelernt. Die liebe Dame bot sich eines Winters an, für uns zu backen. Meine Eltern und wir fünf Kinder fieberten dem Tag der Abholung der Kekse entgegen.

Als wir nach langer Anreise im Vorhaus der engagierten Hobbybäckerin standen, waren wir schlichtweg überwältigt. Auf den Stiegen waren unzählige Schachteln, Kisten und Kartons mit feinstem Weihnachtsgebäck bereitgestellt.

Es waren so viele, dass mir auf der Rückfahrt der Kontakt zur Außenwelt verwehrt war: Ich war nämlich von Keksdosen regelrecht zugeschüttet. (Einige besonders große mussten per Bahn verschickt werden.)

Zu Hause belegte dann mein Vater stolz einen riesigen Teppich nahezu vollständig mit allen Gebinden. Es war ein gewaltiges Schauspiel: Vor unseren Blicken lagen hunderte von Vanillekipferln, Linzeraugen, Zimtsternen, Husarenkrapferln, Anisbögen, Butterbroten, Florentinerkeksen, Kokosmakronen, Lebkuchen, Rumkugeln und Windringen.

Gerührt und voll Bewunderung dachten wir daran, wie viele Stunden die liebenswürdige alte Dame wohl an ihrem Herd gestanden sein musste.

Keiner von uns ahnte damals, dass wir Restbestände dieser Köstlichkeiten in die Sommerfrische an den Wörthersee mitnehmen würden. Und doch noch immer genug übrig bleiben würde für die Schuljause im September.

Ich weiß noch gut, wie wir am vierten Adventsonntag vor der lieben, aber nicht zu bewältigenden Gabe standen. Während meine Geschwister andächtig staunten, wollte ich keck ein kleines Husarenkrapferl kosten. Mein Vater jedoch rief mich rasch zur Ordnung: „Sei nicht so unbeherrscht. Die paar Tage bis zum Heiligen Abend wirst du wohl noch warten können!" Die anfängliche Euphorie war freilich bald nach den Feiertagen verflogen, und wir teilten das liebevoll zubereitete Weihnachtsgebäck undankbar in fünf große Gruppen: in die zu Süßen, die Sandigen, die Harten, die Steinharten und die Trockenen. Die Steinharten legten wir vorwiegend ins Vogelhaus, wo Meisen und Spatzen mit wütenden Schnäbelhieben meist erfolglos über sie herfielen.

Nicht selten schmuggelten wir auch das eine oder andere sorgsam vorbereitete Säckchen ahnungslosen Besuchern in die Manteltaschen – mit dem Ergebnis, dass die Kinder aus der Nachbarschaft begannen, den Umgang mit uns zu meiden.

Gäste, denen wir zu Pfingsten noch Weihnachssterne (aus der Gruppe der zu Süßen) aufwarteten, konnten nur mit Mühe ein gewisses Befremden unterdrücken.

Als die liebe Dame uns zu Ostern mit einem riesigen Karton mit Nusspotitzen und Pinzen überraschte, verschärfte sich unsere Backwaren-Situation dramatisch: Immerhin waren zum Beispiel die Dosen mit den Windringen (aus der Gruppe der Sandigen) noch halb voll.

Mein Vater versuchte tapfer seiner Vorbildfunktion gerecht zu werden und tat alles, um den riesigen Keksberg abzutragen. Er tunkte die Harten in Apfelkompott, bröselte die Trockenen in den Vanillepudding und trank ungezuckerten Tee in Kombination mit den zu Süßen.

Die Blätter fielen bereits von den Bäumen, doch der Vorrat an Linzeraugen war noch immer nicht aufgebraucht. Da stand uns bereits eine neue Ladung ins Haus. Wieder türmten sich unzählige Schachteln, Kisten und Kartons auf dem großen Wohnzimmerteppich, der zum zweiten Mal mit feinstem Weihnachtsgebäck bedeckt war.

„Darf ich mir ein Keks nehmen?", fragte ich keck, mit unverhohlenem Triumph in der Stimme. Mein Vater schob mir die Dose mit Husarenkrapferln hin – wortlos und abgeklärt.

DAS SONNTAGSSCHNITZEL

Ich bewundere alle Männer, die das Kochen zur Kunst erheben und sich darin verwirklichen. Meine bescheidenen Versuche, ein warmes Essen zuzubereiten, haben ausschließlich den Zweck, unsere Kinder satt zu bekommen und meine Frau wenigstens einmal in der Woche zu entlasten.

Mein Menüplan ist nicht übermäßig abwechslungsreich: Wienerschnitzel oder Cordon bleu, vom Schwein oder vom Huhn. Kulinarisch gesehen sind wir also vorbildliche Normösterreicher. Gebackene Schnitzel schmecken allen – am liebsten mit Petersilerdäpfeln („mit möglichst wenig Grünem") und viel Preiselbeeren.

Ein derartiger Konsens ist nicht immer leicht zu erzielen, denn die Palette der wirklich von allen unseren Kindern akzeptierten Speisen ist nicht gerade ermutigend groß. Deshalb plädiere ich

seit Jahren dafür, einen fixen Wochenspeiseplan zu etablieren, der diese wenigen Menüs enthält. Etwa: Montag – Schinkenfleckerln, Dienstag – Reisfleisch, Mittwoch – Lasagne, Donnerstag – Pizza, Freitag – Spaghetti, Samstag – Fleischlaberln. Mein Vorschlag scheitert nicht zuletzt am Einspruch meiner lieben Frau, die es sich nicht nehmen lassen will, neue Rezepte auszuprobieren und die jeweiligen Gemüse der Saison als Vitaminspender zu verarbeiten.

Ich selbst bin am Sonntag für das Mittagessen zuständig. Seine Zubereitung gleicht gewissermaßen einem Ritual: Während meine Frau mit den älteren Kindern in der Kirche ist, haben sich meine beiden „Assistenten" bereits eingefunden, um mich in meiner Küchenarbeit zu unterstützen: Jakob und Sophie.

Nach intensiven Sondierungsgesprächen hat mein kleiner Sohn fair ausverhandelte Kompetenzen. Er ist verantwortlich für das Klopfen des Fleisches, das er auch salzen und bemehlen darf. Naturgemäß will er sich nicht damit zufriedengeben und sein Ressort erweitern. Er möchte die Schnitzel auch in den aufgeschlagenen Eiern und den Bröseln wenden.

Neuerdings verwickelt er mich in durchaus niveauvolle, aber auch langwierige Diskussionen, bis ich schließlich altmodisch autoritär erkläre: „Du darfst allein panieren, wenn du in die Schule gehst."

Interessanterweise lässt jedoch das Interesse an Küchenarbeit mit dem Erreichen des schulpflichtigen Alters stark nach. Meine älteren Söhne kommen nur in die Küche, um einen flüchtigen Blick auf die Schnitzel zu werfen: „Sind sie bald fertig?"

P. S. Heute gibt es zum Dessert ein köstliches Apfelkompott. Es trifft sich gut, dass ich dazu noch einige Vanillekipferln reichen kann. Sie wissen schon ...

REBELL IN DER SCHNEEBURG

Die Gruppe bestand aus acht Kindern, allesamt Anfänger. Dennoch zeigte sich bereits während der ersten Geh- und Gleitversuche mit dem ungewohnten Sportgerät, dass ein Teilnehmer glatt unterfordert war. An seinem schalldichten Helm prallte jede Anweisung ab, er fuhr seine eigene Linie und wurde bald nach einer heftigen Intervention seiner Mutter in eine höhere Gruppe transferiert.

Der Schilehrer, ein junger Student, hatte keine Zeit, sich mit der energischen Dame auseinander zu setzen, da ein vielleicht siebenjähriger Knabe, der auf den Namen Andrea hörte, ihm höchste Konzentration abverlangte. Nach einigen Versuchen, die nicht zu seiner Zufriedenheit ausgefallen sein dürften, schnallte Andrea seine Schier ab und stellte trocken fest: „Ich hasse diesen Sport."

Nach kurzem Überlegen tat der Schilehrer das einzig Richtige: Er ließ den Buben, der mit großer Begeisterung eine Schneeburg zu bauen begann, gewähren.

Nun übte die zwar individuelle, aber durchaus kindgemäße Beschäftigung des Schwierigen auf andere Gruppenmitglieder eine unübersehbare Faszination aus. „Müssen wir noch Schi fahren, oder dürfen wir auch spielen?", fragte ein kleines Mädchen und schickte sich ebenfalls an, seine Schier abzuschnallen.

Für den Schilehrer war unversehens eine nicht unkritische Situation entstanden: Seine Gruppe stand vor der Auflösung.

Nur kurze Zeit schien der junge Mann zu schwanken, dann zauberte er plötzlich aus seiner Tasche bunte Luftballons hervor, die die Kinder aufbliesen und vor sich auf dem Bauch halten mussten. Durch diese genial-einfache Aktion war es ihm sogar gelungen, das Interesse des Schwierigen zu erregen. Er stellte seine Bautätigkeit überraschend ein und kehrte in die Gruppe zurück. Gleich darauf allerdings wollte er partout den Schilift nicht benützen, worauf der Sportpädagoge unmissverständlich deutlich wurde: „Wennst net gleich fahrst, prack i dir ane!"

Der Schwierige verstand – und fuhr. Oben freilich skandierte er zusammen mit einigen Kollegen lautstark: „Wir haben Hunger!"

Der sympathische Schilehrer, der erste Anzeichen von Erschöpfung aufwies, hatte nichts dagegen, dass seine kleine Schar die Mittagspause ein wenig ausdehnte und johlend den Gastraum der Bergstation in Beschlag nahm.

Er war wirklich zu verstehen ...

KINDERSCHIRENNEN

Vor einigen Wintern versuchte ich meiner damals dreijährigen Tochter Anna das Schifahren beizubringen. Sie hatte allerdings, das Erlernen des Pfluges betreffend, grundlegend andere Vorstellungen als ihr Vater. Nachdem sie zuerst mit großer Geste Haube und Handschuhe von sich geworfen hatte, tobte sie gewissermaßen drehbuchreif.

Ich konnte den besorgten Fragen wohlmeinender Mitmenschen („Hat sie sich wehgetan?" – „Ist der Kleinen nicht etwa kalt?" – „Vielleicht ist sie ein bisschen müde?") nur entgehen, indem ich mich, meine Vaterschaft feige leugnend, als interessierter Zuschauer eines Kinderslaloms tarnte.

Auch wenn der Hang sehr flach war, die Strecke also nicht allzu selektiv, gab es ein internationales Teilnehmerfeld. Aus gutturalen holländischen Wortkaskaden war immer wieder ein mimisch, mit weit ausholenden Bewegungen unterstrichenes „Bärkschi" herauszuhören – ein letzter fahrtechnischer Tipp für ein stämmiges Mädchen, das dennoch nicht zum Favoritenkreis gezählt werden konnte.

Ganz im Gegensatz zu Kai-Lars, dessen Vater einem praktischen Service-Köfferchen eine Tube Schiwachs entnahm, um damit das Sportgerät seines Sprösslings zügig zu präparieren.

Björn, ein weiterer Sieganwärter aus unserem geschätzten Nachbarland, war leider nicht imstande, die Ratschläge seiner ehrgeizigen Mutter akustisch wahrzunehmen, da er mit einem – offenbar schalldichten – Rennhelm ausgestattet war.

Das von der frischen Bergluft rosige Gesicht besagter Mutter

wurde allerdings schlagartig blass, als ein vermutlich selbst rennerprobter junger Vater verstohlen die Startnummer seines Sohnes mit Leukoplast festklebte.

Über den Ausgang des Rennens kann ich leider nicht berichten. Immer mehr Zuseher wanderten nämlich vom Slalomhang weg und zu meiner nun wie schlafend im Schnee daliegenden Tochter hin. Ich sah mich gezwungen, ihr doch seltsames Verhalten zu erklären mit dem allen einleuchtenden Hinweis, sie sei im Trotzalter.

Ihr war es jedenfalls gelungen, mehr Publikum anzulocken als ein hochkarätig besetzter alpiner Nachwuchsbewerb – eine Leistung, die mich letzlich sogar ein wenig stolz machte.

DIE ACHTE FEE

Eine ganze Reihe gehörte uns. Großeltern, Tante, Onkel, Geschwister sowie meine Frau und ich saßen erwartungsfroh und ziemlich aufgeregt da. Schließlich sollte Benedikt, mein Zweitgeborener, in einer von seiner Klasse selbständig modernisierten Fassung von „Dornröschen" eine wichtige Rolle spielen, nämlich die siebente oder achte Fee. Wie sich später herausstellte, war er *die* Fee, die einzige, die als solche einwandfrei zu erkennen war.

Bisher hatte er sich bei Theaterabenden lediglich als Beleuchter oder Requisiteur (einmal beispielsweise musste er, mit einer Taucherbrille angetan, ein buntes Schild mit der Aufschrift „Strand" über die Bühne tragen) Verdienste erworben.

Die zahlreichen Tanzproduktionen, von seiner engagierten Volksschullehrerin seinerzeit sehr schwungvoll einstudiert,

hatte er immer im letzten Glied, in sicherer Deckung gewissermaßen, abgespult.

Die Vorbereitungen für seinen Feenauftritt hatten sich ziemlich
hektisch gestaltet. Meine liebe Frau, die ein wenig zum Perfek-
tionismus neigt, hatte das von einer Freundin geborgte Kostüm
noch am Vorabend auf die Maße meines Sohnes zurecht-
geschneidert. Sogar der Feenhut war mit Sternen und Bändern
neu drapiert worden.

Benedikt gab, rein optisch, eine prächtige Fee ab – dennoch
schien er, der am liebsten Fussballtrikots trägt, sich in diesem
Märchengewand nicht ganz wohl zu fühlen.

Nun warteten wir in einer Schulklasse, die vor sehr vielen nahe
und weiter entfernten Verwandten aus allen Nähten zu platzen
schien und in der es sehr heiß war, gespannt auf seinen Auftritt.
Da! Eine Fee stürzt auf die Bühne. Es ist wirklich mein Sohn,
der in unglaublichem Tempo hereinrast, pantomimisch irgendetwas abstellt und mit fliegendem Feenmantel wieder hinter
den Kulissen verschwindet.

Obwohl die Gesamtdauer seines Auftritts maximal fünf Sekunden betragen hat, bin ich sehr bewegt. Auch die anderen Eltern
sind tief beeindruckt vom Schwung der Aufführung.

Was im zweiten Teil des Stückes passierte, vermag ich leider
nicht zu sagen. Ich war nämlich ein wenig eingenickt. Doch
das störte mich nicht weiter: Schließlich kam keine gute Fee
mehr auf die Bühne.

OSTER-ZAUBER

Ich muss gestehen, nicht zu jenen wahrhaft ehrlichen Eltern zu gehören, die ihre Kinder bereits im Vor-Kindergartenalter aufklären, dass der Osterhase lediglich ein unverzichtbarer PR-Manager der Süßwarenindustrie ist.

Vielleicht war ich als Kind glückhaft robust, sodass ich keinen seelischen Schaden erlitt, als am Ende meiner Volksschulzeit herauskam, dass der Osterhase mein Vater war. Wenn ich an meine Kindheit zurückdenke, erinnere ich mich besonders gern an das Osterfest, das einen ganz eigenen Zauber hatte.

Für den Vater bietet der Ostersonntag eine gute Gelegenheit, sich als Familienoberhaupt zu profilieren. Ich kann nämlich den Ablauf der Eiersuche durch die Auswahl der Verstecke nachhaltig beeinflussen.

Das Finden und Ausnehmen von Osternestern im Garten ist ein Akt professioneller Routine. Deshalb erweitere ich das Betätigungsfeld des Osterhasen um die Wohnräume, allerdings mit einer klar abgesteckten „Demarkationslinie": Keller – und Sanitärbereich sind gewissermaßen Tabuzonen.

Wenn meine Kinder spätabends, vom großväterlichen Osterfeuer sehr beeindruckt, müde ins Bett fallen, beginnt mein Auftritt. Gleichsam auf Hasenpfoten schleiche ich durchs Haus im Bemühen, Hasen, Lämmer und Eier an altbekannten und jährlich neu ausgedachten Orten zu platzieren.

Im vergangenen Jahr tat ich vielleicht des Guten zu viel: Von den acht friedlich daliegenden Schokoladelämmchen war eines auch nach penibelster Recherche nicht mehr aufzufinden, obwohl Vater, Mutter und acht Kinder auf allen Vieren die Wohnung durchkämmten.

Da der Osterfriede damals für kurze Zeit gefährdet schien – wer verzichtet schon gerne auf ein friedlich daliegendes Schokoladelämmchen? – , habe ich heuer ein neuntes gekauft, das in kritischen Situationen gewissermaßen als Reserveschaf mühelos ins Spiel gebracht werden kann.

P. S. Das verschollene Lämmchen wurde Monate später, arg ramponiert, am unteren Ende eines Stockbettpfostens von meiner zweijährigen Tochter gefunden, notgeschlachtet und auf der Stelle verspeist.

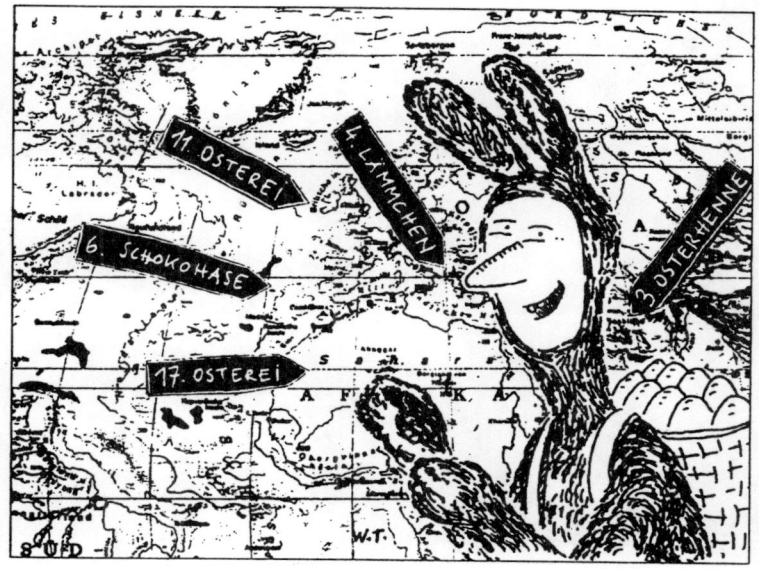

Schieß doch!

FUSSBALLDRESSEN

Nichts beeinträchtigt unser Familienleben stärker als die Fußballleidenschaft unserer Söhne, die sicherlich väterlicherseits genetisch bedingt ist. Vier spielen im Verein. Glücklicherweise findet der Meisterschaftsbetrieb an drei verschiedenen Tagen statt. So kann ich am Freitag beim Match der Unter-8-Elf in Feldkirchen, am Samstag mit der U 14 in Kalsdorf und am Sonntag mit der U 16 meiner beiden Ältesten in Gnas sein.

Auf diese Weise lernen wir Graz, seine Umgebung sowie sein reizvolles Hinterland kennen, allerdings aus einer doch ein wenig eingeschränkten Sicht: Uns interessieren ausschließlich Fußballplätze.

Die Begeisterung meiner Söhne für diese populäre Sportart

geht über das aktive Mittun weit hinaus. So haben sie etwa – im Vergleich zu Englisch- bzw. Französischvokabeln erstaunlich präzise – die Aufstellung von Hansa Rostock oder auch den Namen des Ersatztormannes von St. Pauli abrufbereit im Kopf gespeichert.

Während meine Geschwister und ich in unserer Kindheit Briefmarken oder Ansichtskarten gesammelt haben, kaufen sie in ungeheuren Mengen Pickerln, auf denen heimische oder internationale Fußballgrößen zu sehen sind.

Für die Finanzierung eines anderen Hobbys bin ich nahezu allein zuständig: für den Erwerb von Fußballdressen. Derzeit halten wir bei 127 (in Worten: einhundertsiebenundzwanzig). Auch ich kann ein gewisses Wohlgefallen an den bunten Trikots nicht ableugnen. (Mein Lieblingsdress ist übrigens der von Nigeria.)

Längst ist die ganze Familie mit Leiberln eingedeckt – auch meine zweijährige Tochter Sophie: Sie trägt den Juventus-Dress mit der Rückennummer 10 und dem Namenszug Del Piero – und wird von ihren Brüdern auch so gerufen.

Als vor mehr als vier Jahren mein fünfter Sohn zur Welt kam, brach unter den anderen großer Jubel aus. Sie waren sich bald darin einig, dass er mit seinen Maßen (49 cm, 3610 g) für das defensive Mittelfeld wie geschaffen sei, und schenkten ihm einen Ajax-Dress.

Alle Familienmitglieder tragen Fußballtrikots – mit einer Ausnahme. Meine liebe Frau, die ansonsten alles für ihre Kinder tut, ziert sich noch und will aus unerfindlichen Gründen keines anziehen. Nicht einmal das von Ivica Vastic.

Ein Ausflug nach Siena

Als wir aus einem Gewirr von schmalen Gässchen plötzlich auf
die Piazza del Campo traten, ging es mir zwar nicht wie dem
Mann meiner Cousine, der sich bei seinem ersten Besuch in
Siena auf der Stelle niedersetzen musste, weil er von der
Schönheit des halbkreisförmigen Platzes so überwältigt war.
Aber ich war doch auch sehr beeindruckt.
Ich versuchte meinen Kindern diese Bewunderung mitzuteilen,
stieß jedoch auf wenig Verständnis. Die Kleineren gaben ziemlich verdrossen zu erkennen, dass sie eigentlich durstig seien
und keine Lust auf Fresken von Lorenzetti hätten, sondern auf
ein Coca Cola. Mein Ältester wiederum, ein glühender Öster-
reich-Patriot („Sag bitte nicht Rolltreppe, sondern Rollstiege!"),
tat meinen Hinweis, der Campo zähle laut Expertenmeinung
zu den fünf schönsten Plätzen der Welt, mit einer knappen Be-
merkung ab: „Der Grazer Hauptplatz gefällt mir besser."
Auch ein kurzer historischer Exkurs, den meine Frau anhand
eines zuvor gekauften Bildbändchens hielt, konnte das Interesse meines Nachwuchses nicht entscheidend heben. Während
sie auf den Palazzo Pubblico aufmerksam machte, waren die
Blicke meiner Söhne längst von der prachtvollen Fassade weg
zu der doch eher schlichten Vorderansicht eines Holzstandels
gewandert, vor dem viele bunte Fußballdressen im milden
Abendlicht flatterten. Was vermag schon das noch so großartige mittelalterliche Bauwerk gegen einen Verkaufsstand mit
Souvenirs auszurichten! In Sekundenschnelle war er in steiri-
scher Hand.
Mit großer Ausdauer und beeindruckender Sachkenntnis wurden nun Kisten und Schachteln nach noch nie gesehenen

Trikots durchwühlt. Die Entscheidung, ob nun der Dress mit dem Namen Toldo oder doch lieber jener von Totti gekauft werden soll, ist verständlicherweise nicht in wenigen Minuten zu treffen. Letzlich wurden es Salas (Nummer 9) von Lazio, Buffon (1) von Parma und Muzzi (11) von Cagliari.

Auch meine siebenjährige Tochter Anna, die anfangs noch zwischen Seifenblasen und einem Dalmatinerkapperl geschwankt hatte, wurde plötzlich vom brüderlichen Dressenwahn erfasst und bettelte um ein Fußballleibchen. Sie entschied sich für Zinedine Zidane, Weltfußballer des Jahres 98.

Ich war sehr gerührt. Schließlich habe ich ebenfalls eine große Schwäche für den französischen Ballkünstler, und sein Trikot mit der Nummer 21 hängt in meinem Kasten.

„SCHIESS DOCH!"

Wie habe ich sie verachtet, die Väter und Mütter, die am Spielfeldrand mit ihren Mini-Stars mitleiden. Welch bedauerlichen Anblick boten sie mir, wenn sie ihre Sprößlinge mit vor Aufregung rauen Stimmen zu noch größeren Leistungen antrieben. Ist doch nur ein Spiel unter Kindern, dachte ich abgeklärt, wozu also diese bisweilen hysterische Aufregung!
Seit ich selbst vier kickernde Söhne habe, leiste ich den ehemals von mir so Verachteten Woche für Woche Abbitte. Ich gestehe geknickt: An Spieltagen bin ich schon während des Mittagessens rätselhaft aufgewühlt.

Meine Buben scheinen das Spiel jedenfalls viel lockerer zu nehmen, auch wenn der Trainer allen in einer kurzen Besprechung ihre taktischen Aufgaben zuweist.

Kaum ist das Spiel angepfiffen, sind freilich jegliche Anweisungen vergessen. Nun kann – endlich! – ich in Aktion treten. Ich muss bei Auswärtsspielen den Ortsansässigen etwa in Thal, Hitzendorf oder Kumberg einen doch eher befremdlichen Eindruck vermitteln. Den Kinderwagen vor mir herschiebend, ein Kleinkind auf dem Arm, fliege ich die Seitenlinie entlang, um nur ja immer auf Ballhöhe zu sein.

Auch der treffende und durch nichts zu entkräftigende Ausruf eines bodenständigen Einheimischen („Schauts, der Narrische, der wos imma so vül schreit, is' wieda do!") vermag mich nicht zu irritieren.

Lautstark dirigiere ich meine Knaben auf dem Rasen: „Du musst dich besser anbieten!", „Geh ihn an!", „Schieß doch!".

Vom anderen Spielfeldrand hallt es wie ein Echo zurück: Schließlich hat auch der Trainer gewisse Vorstellungen davon, was seine Spieler zu machen haben.

Ich bin immer wieder überrascht, wie nervenstark Kinder sein können. Trotz eines wahren Hagels gut gemeinter Ratschläge haben sie ins Tor getroffen. Meine Buben am öftesten – welche Wonne, welches Glück!

Die Gratulationen einiger Vaterkollegen nehme ich ganz lässig entgegen: „Eigentlich hätten sie doppelt so viele Tore schießen müssen." Nicht einmal im Triumph bin ich restlos zufrieden.

Dabei vergesse ich, dass einer meiner Söhne einmal in einer Saison mehr Tore erzielt hat als ich in meiner gesamten (bescheidenen) Fußballerkarriere.

DIE LEGIONÄRSTRUPPE

In den letzten Monaten wurde (wieder einmal) in in- und ausländischen Medien ausführlichst die altbekannte Frage diskutiert: „Wie böse ist Österreich?" Als Optimist wage ich zu antworten: Wir sind nicht fremdenfeindlicher als andere.

Vielleicht hängt meine Einschätzung damit zusammen, dass ich Gott sei Dank noch nie Zeuge offen zur Schau gestellten Ausländerhasses geworden bin. Auch ist mir nicht bekannt, dass in Österreich Asylantenheime in Brand gesteckt wurden oder sich Skinheads zusammenrotteten, um Türken oder Schwarze „abzuklatschen".

Ich lebe in Graz-Eggenberg, und ich nehme an, dass der Ausländeranteil in diesem Bezirk höher ist als in manch anderem. Meine beiden ältesten Söhne spielen beim Eggenberger Sportklub Fußball. Ihre Mitspieler sind: ein Bosnier, ein Serbe, zwei Kroaten, zwei Türken, ein Ghanese, ein Rumäne und sechs Österreicher.

Der Mikrokosmos dieser Fußballmannschaft von 15-, 16-Jährigen zeigt auf, wie das Zusammenleben von Menschen unterschiedlichster Herkunft funktionieren könnte. Da ich als Chauffeur des Mannschaftsbusses fungiere und bei jedem Spiel, ob in Thörl oder Frauental, in Mautern oder Gnas, dabei bin, weiß ich, wovon ich spreche: Nie noch habe ich Anzeichen von Fremdenfeindlichkeit entdeckt, obwohl meistens wir gewinnen.

Diese Fußballelf ist kein hochfinanziertes Friedensprojekt. Sie ist eine vom Zufall bunt zusammengewürfelte Truppe, und auch der Trainer kein in Seminaren zur Konfliktbewältigung geschulter Pädagoge, sondern Postbeamter. Das Geheimnis

seines Erfolges lässt sich schnell erklären: Er betreut seine Gruppe mit bewundernswertem Engagement und großer Konsequenz. Es spielen nur die Besten, egal woher sie kommen.

Der Verein bietet den Burschen ein zweites Zuhause, in dem sie ein Wir-Gefühl erleben mit Gleichaltrigen unterschiedlichster Nationen – ein Beispiel geglückter Integration. In unserer kleinen Eggenberger Fußballwelt gibt es keine Angst vor Überfremdung und auch keinen Ausländerstopp: Jeder darf kommen.

Es liegt zwar schon mehr als ein Jahr zurück, dennoch bleibt für mich diese kleine Begebenheit unvergesslich. Als der Trainer anordnete, Mehmet solle den Kabinenschlüssel holen, kamen zwei dunkelhaarige Jugendliche zu ihm gelaufen und fragten, aufeinander zeigend: „Wer soll Schlüssel holen? Dieses Mehmet oder dieses Mehmet?"

Immer wenn die Rede von den bösen Österreichern ist, muss ich an die Mehmets denken und bin beruhigt: So schlimm kann es in unserem Land nicht sein.

KEIN POKAL FÜR DIE MAMA

Während der Fußball-Europameisterschaft in Belgien war viel
von den Erfolgstrainern die Rede. Die Frage, wer nun tatsächlich der beste sei, blieb vorerst unbeantwortet.
Für mich freilich gibt es schon seit langem eine unbestrittene
Nummer 1: Es ist meine liebe Frau. Allerdings brilliert sie in
einer anderen, ungleich schwierigeren Disziplin. Sie hat es
nämlich wiederum geschafft, dass unsere sechs Schulkinder
das Lehrziel erreicht haben. Um in der Sprache des Sports zu
bleiben: Alle sechs haben den Klassenerhalt geschafft, ohne
Relegationsspiel, mehr (oder minder) souverän.
Ich bewundere die Leistung meiner Frau aus zweierlei Gründen. Erstens kämpft sie ganz allein, denn der logische Assistent,
nämlich ich, vermag leider nicht einmal die traditionell den

Männern zugeteilte Rolle des für Mathematik oder Physik Zuständigen auszufüllen. Gerne würde ich, gewissermaßen als letzte Instanz, kaum von der Zeitung aufblickend, lässig verzwickte Rechnungen lösen; doch zeigen mir bereits komplexere Beispiele aus dem Stoff der AHS-Unterstufe eindeutig meine Grenzen.

Zweitens führt sie – im Gegensatz etwa zu Otto „Maximale" Baric – ihr Trainerdasein nicht nur unbezahlt, ja nicht einmal ehrenhalber, sondern sogar ziemlich unbedankt. Vor allem meine Buben wehren sich heftig, aber bislang Gott sei Dank erfolglos gegen das äußerst gewissenhafte „Coaching" ihrer Mutter in schulischen Belangen.

Es kostet meine Frau viel Energie, unseren kleinen „Fußballdeppen" begreiflich zu machen, dass die Organisation des schulinternen Unterstufenturniers zweifelsfrei wichtig ist, jedoch nun wirklich keine geeignete Vorbereitung auf die nächste Schularbeit darstellt.

Die Welt ist ungerecht. Kein Pokal ziert Mamas Nachtkästchen, keine Medaillen geben Zeugnis von ihren zahlreichen kleinen Siegen bei Französischschularbeiten, Geschichtetests oder Biologieprüfungen. Die Aussicht, acht Mal ein Kind wohl vorbereitet zum Finale der Matura einlaufen zu lassen und zu Hause untätig und bange auf der Bank zu sitzen, macht sie jetzt schon ein wenig nachdenklich.

Eines freilich weiß sie ganz genau: Es war doch wichtig, dass sie damals – im Gegensatz zu mir – bei den Integralrechnungen oder beim Ablativus Absolutus brav aufgepasst hat ...

Der verspätete Rücktritt

Es war im Urlaub in Italien, als ich an einem heißen Julitag dem Drängen meiner Buben und meiner kindischen Neugier nachgab und mich im „Soap-Soccer" versuchte.
Diese originelle Variante des Fußballsports wird auf einer am Strand aufgelegten Plastikfolie gespielt, die mit Seifenlauge bespritzt ist. Man rutscht wie auf einem Eislaufplatz, und es besteht Helmpflicht.
Mein Auftritt erschöpfte sich in zwei Ballkontakten, wobei letzterer bereits das schmerzliche Aus für mich bedeutete: Bei einem kurzen Sprint hob es mich gewaltig aus – der Beifall der Umstehenden signalisierte mir, dass es sich um eine spektakuläre, nicht alltägliche „Brezn" gehandelt haben musste.
Die Folge: Bruch des linken Schlüsselbeins, clavicula rotta – ein Ausdruck, der meinen bescheidenen italienischen Wortschatz in höchst überflüssiger Weise bereichert.
Da am Samstagabend auch in Italien Krankenhäuser ziemlich verwaist sind, geriet ich an einen zwar freundlichen, aber keineswegs orthopädisch geschulten Arzt. Vielleicht war er ein guter Gynäkologe, beim Anlegen des Tornisterverbandes erweckte er in mir jedoch kein allzu großes Vertrauen, da er zusammen mit seinem Assistenten minutenlang über dem Beipacktext grübelte. Beim Abschied beschwor er mich geradezu händeringend, am Montag einen Spezialisten aufzusuchen. Was ich auch tat – zusammen mit meiner Frau, die mich chauffieren musste, und meinen Kindern, die wir nicht allein auf dem Campingplatz lassen konnten.
Uns bot sich ein gewaltiges Schauspiel: Auf dem Gang zur Orthopädie wimmelte es von so vielen Menschen, dass

ich nicht damit rechnete, jemals eines Arztes ansichtig zu werden.

Doch dann passierte das Wunder: Wenn ein Name aufgerufen wurde, verschwand der Patient im Pulk unzähliger naher und entfernter Verwandter jedes Alters im Behandlungszimmer.

Nach vier Stunden trat ich schließlich mit meiner Hausmacht ermattet, aber glücklich vor den „specialista", den mein Anblick sichtlich erheiterte. Der Grund: Sein Kollege hatte mir den Verband verkehrt herum angelegt.

Clavicula rotta – das gebrochene Schlüsselbein – bedeutete eine Zäsur in meinem Vaterleben. Und dazu die bittere Erkenntnis, den Zeitpunkt meines Rücktritts als Fußballer glatt übersehen zu haben.

Vom Lieben und Loslassen

DAS SCHÖNSTE BABY

Begegnete ich früher, als ich noch unverheiratet und kinderlos war, einer glückstrahlenden Mutter und ihrem Baby, so galt mein Blick vor allem der jungen Frau. Dem Kind schenkte ich damals bedeutend weniger bis gar keine Aufmerksamkeit – in der Überzeugung, Babys sähen doch irgendwie alle gleich aus. Für mich stellte die Hautfarbe das einzig wirkliche Unterscheidungsmerkmal dar: Demnach gab es weiße, gelbe und schwarze Babys, wobei mir letztere – man sehe mir den Rassismus nach – am besten gefielen.

Deshalb kam ich mir auch gar nicht allzu unaufrichtig vor, wenn ich von stolzer Elternhand präsentierte Winzlinge immer mit demselben Satz klassifizierte: „Ein hübscheres Baby habe ich noch nie gesehen!"

Auch wenn bisweilen der Nachwuchs auf den ersten Blick und erst recht bei näherem Hinsehen rein optisch wenig gelungen schien, hatte ich nie den Mut, einfach zu sagen: „Na ja, bei den Eltern war nichts anderes zu erwarten."

Seit ich selbst Kinder habe, ist alles ganz anders. Welche Unterschiede, welche Nuancen vermag ich auch schon beim flüchtigen Anblick eines Babys auszumachen!

Neuerdings schleiche ich mich an fremde Kinderwagen heran, um prüfend und vergleichend hineinzuspähen: Die Nase ist ja ganz herzig, aber derart abstehende Ohren … Der Haarwuchs ist wirklich prächtig, aber so was von kleinen Augen …

Auch die lieben Kleinen meiner Verwandten werden auf allfällige Ähnlichkeiten mit ihren Eltern getestet. „Die Klara wär' ja wirklich süß, hätt' sie nicht jetzt schon Mamas schrecklich spitzes Kinn."

Jeder Vergleich macht mich sicherer. Es liegt mir fern zu behaupten, es gebe keine herzigen Babys. Aber ja, doch! Kaum etwas ist schwerer auszuhalten als ein stolzer Vater, der ganz im Ernst meint, sein Kind sei das entzückendste. Einfach lächerlich! Ein bisschen mehr Objektivität wird man sich auch von Eltern, dieser seltsamen Spezies, erwarten dürfen.
Und den Blick für das Wesentliche. Dann würden sie nämlich unschwer erkennen, was für mich von allem Anfang an festgestanden ist: In Wahrheit ist mein Baby das schönste!

WUNDERKINDER

„Wir gehen schon aufs Topferl!" Triumphierend stemmte die wohlbeleibte Nachbarin ihren Nachwuchs in die Höhe, um mir gleich darauf mit der tückisch gestellten Frage „Kann Ihrer schon reden? Meine Hanni sagt schon Mama, Papa, Lulu ..." einen weiteren Tiefschlag zu versetzen. Wortreich tröstete sie mich mit der Volksweisheit, dass Buben von Natur aus später dran seien.

Wieder einmal haderte ich mit dem Schicksal: Vier Kindern hatte meine Frau das Leben geschenkt, aber keines hatte je Chancen auf einen Spitzenplatz im von so vielen Eltern erfolgreich betreuten Baby-Fünfkampf mit den Disziplinen Durchschlafen – Mit dem Löffel essen – Sauber sein – Mama/Papa sagen – Gehen.

Meine Kinder waren immer spät dran. Alle – so schien es mir – hatten Wunderkinder, nur ich nicht. Bis endlich Klemens kam, mein fünftes Kind. Mit genau zwei Jahren und 37 Tagen fuhr er das erste Mal mit einem Rad – und zwar ohne Stützräder. Er hatte sich diese Sportart, die leider nicht zum Fünfkampf zählt, alleine beigebracht.

Mein Vaterstolz erklomm ungeahnte Höhen. Ich versuchte nun, bei wirklich jeder Gelegenheit das Gespräch auf Kinderfahrräder zu lenken, um dann – wie beiläufig – von den Triumphfahrten meines Sohnes zu berichten.

Als ich beim Ankauf einer Hose wieder einmal meine Geschichte zum Besten gab, wurde ich ziemlich unsanft aus meiner Wunderwelt geholt. Statt der erhofften Beifallskundgebungen erzählte der Verkäufer von seinem Sohn, der mit vier Jahren bei einer Wettfahrt gegen weit ältere Konkurrenten ein Da-

menrad gewonnen hatte, dessen Handhabung er nach nur wenigen Fehlversuchen beherrscht haben soll. Von nun an sprach
ich nie mehr von Klemens' Heldentat.

Auch mein achtes Kind bot mir bislang keine Gelegenheit, von
Wunderdingen zu berichten. Sophie ist zwar entzückend,
braucht aber mit ihren zwei Jahren noch eine Windel – genau
wie ihre Geschwister, die sich ausnahmslos normal, aber aus-
gesprochen durchschnittlich entwickelt hatten.

Dennoch bin ich nicht weiter beunruhigt und tröste mich mit
dem Gedanken, dass schließlich irgendwann einmal alle aufs
Topferl gehen. Nicht nur Wunderkinder.

„WARUM MUSS ICH STERBEN?"

Ich gehe mit Anna (6) und Jakob (3 $1/2$) auf den Friedhof. Als wir vor dem Grab meines Vaters stehen, fragt mich meine Tochter: „Gell, Papa, alle Menschen müssen sterben." – „Ja, Anna." – „Du auch, Papa?" – „Ich auch." – „Ich mag aber nicht, dass du stirbst." Da schaltet sich Jakob in unser Gespräch ein: „Du musst als Erster sterben, dann die Mama, dann der Dominik, dann der Benedikt, dann der ...". Er zählt nun dem Alter nach alle weiteren Familienmitglieder bis zu seiner kleinen Schwester auf: „Die Sophie stirbt als Letzte, weil sie ist nicht einmal noch zwei."

Gott sei Dank bleibt mir keine Zeit für eine den Sachverhalt doch ein wenig differenzierende Antwort, dass nämlich wir Menschen nicht streng nach der Reihenfolge unseres Geborenwerdens auch wieder von dieser Welt abberufen werden. Denn nun meldet sich wieder Anna zu Wort: „Warum müssen alle Menschen sterben?" – „Weil der liebe Gott es so will." – „Warum will er es?"

Ja, warum? Ich bin ziemlich hilflos und unsicher: „Schau, wenn man alt ist und nicht mehr gut gehen kann, mag man vielleicht gar nicht mehr länger leben." Pause. „Aber der Urlo war auch schon ganz alt und hat noch immer gut gehen können." Und Jakob fügt ernst und mit großer Sachkenntnis hinzu: „Der hat einen schönen Tod gekriegt. Er ist eingeschlafen und war schon über 100."

Wir zünden Kerzen an und stellen sie aufs Grab. Ich beobachte meine Kinder, wie sie mit dem Feuer spielen, und bete, dass ich niemals das Grab eines meiner Kinder besuchen muss; und ich danke Gott, dass mein Sohn Nikolaus, der vor knapp fünf Jah-

ren an Leukämie erkrankt war, heute wieder ganz gesund ist.
Ich muss an die Eltern denken, die wir auf der Kinderkrebs-
station getroffen haben und deren Kinder nicht gerettet werden
konnten.

„Wenn die Mama tot ist und du tot bist, bin ich ganz allein. Ich
mag aber nicht allein sein", bricht Anna das Schweigen. „Dann
hast du vielleicht auch Kinder und bist nicht mehr allein." –
„Aber wenn ich tot bin, dann bin ich ganz allein. Ich mag nicht
ganz allein in einem Grab liegen. Ich möchte im Grab von dei-
nem Vater sein, dann hab' ich wen zum Reden." Lange Pause.
Plötzlich sagt sie: „Ich freu' mich schon auf den Himmel. Da
seh' ich dann den Urlo und die Urli und deinen Vater und unsere Katze." – „Und den Papa und die Mama", ergänzt Jakob,
„und den Dominik und den Benedikt und den Nikolaus und
die Antonia und den Klemens und mich und die Sophie. –
Papa, kaufst du uns jetzt eigentlich Kastanien?"

ES GIBT SCHUTZENGEL

Immer wenn ich mit dem Auto eine längere Reise antrete, gibt mir meine Mutter dieselbe Bitte mit auf die Fahrt: „Wenn du gut angekommen bist, ruf gleich an. Ich mach' mir große Sorgen um dich."

Als Mutter besonders, aber auch als Vater ist man ein Leben lang in Sorge, dass den Kindern etwas zustößt und dass es ihnen gut geht. In einem bekannten Aphorismus heißt es treffend: „Wer Kinder hat, vergrößert die Angriffsfläche des Schicksals."

Als vor mehr als 16 Jahren unser erstes Kind zur Welt kam, trugen wir es viele Monate buchstäblich auf Händen, stets darauf bedacht, seinen Wünschen und Launen nachzukommen. Das änderte sich rasch mit der Geburt unseres zweiten Sohnes. Wir mussten nun unsere Zeit auf die beiden Buben aufteilen, was allen gut tat.

Spätestens seit der Geburt unseres dritten Sohnes sahen wir ein, dass unsere Energie nicht ausreichte, um die Kinder vor allen potentiellen Gefahren beschützen zu können. Und so wuchs jedem weiteren Kind ein Stück Selbständigkeit und Freiheit zu: Längst hatten wir es aufgegeben, alle ihre Wege kontrollieren zu wollen.

Wir fanden, wie ich hoffe, die richtige Balance zwischen unumgänglichen Vorsichtsmaßnahmen und dem Vertrauen darauf, dass jedes Kind seinen Schutzengel hat, der es vor allzu großen Verletzungen an Leib und Seele bewahrt.

Als unser Sohn Benedikt beim Überklettern des Gartentores ausrutschte, sich ein fingerdicker Eisendorn in seine Hand bohrte und er wie gepfählt dahing, hatte wohl sein Schutzengel Schlimmeres verhütet.

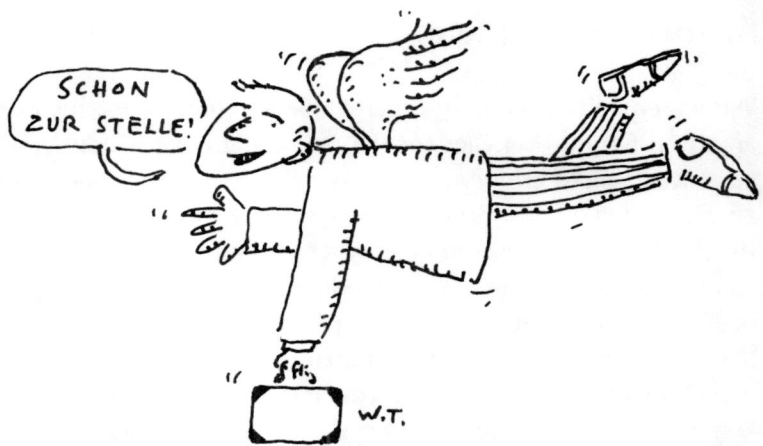

Vor fünf Jahren war Nikolaus, unser Sorgenkind, an Leukämie erkrankt. Damals war ihm sein Schutzengel sehr nahe und half ihm, seine schwere Krankheit tapfer zu überstehen. Heute ist er wieder ganz gesund.

Manchmal denke ich darüber nach, ob ich weiterhin an die göttliche Kraft eines Schutzengels geglaubt hätte, wäre unser Sohn gestorben – wie einige seiner Bettnachbarn. Und ich kann jene Eltern gut verstehen, die ihre Kinder viel zu früh verloren haben, wenn sie verzweifelt fragen: „Wie hast du es zulassen können?"

Vielleicht ist es so, dass ich zu meinem Schutzengel zwar beten kann, er möge meiner Familie beistehen, wenn Gefahr droht. Das hilft mir, gibt mir Kraft und macht mir Mut, den Alltag zu bewältigen. Aber Garantie dafür, dass er es wirklich tut, gibt es keine.

Dafür bedarf es der göttlichen Gnade, über die wir nicht bestimmen können.

ALLEIN – OHNE DIE KINDER

Wir waren beide ziemlich aufgeregt. Schließlich sollten meine Frau und ich für drei Tage wegfahren. Ganz ohne Kinder. Ich kann mich nicht erinnern, wann wir das letzte Mal mehr als zwei Stunden allein waren. Aber es ist lange her.

Als Betreuerin für unseren Nachwuchs konnte eine ideale Lösung gefunden werden: eine Medizinstudentin, beherzt, robust, mutig und obendrein bestausgebildete Rotkreuz-Fahrerin, die leichte bis mittelschwere Verletzungen fachkundig vor Ort zu behandeln imstande sein würde. (Dass nach unserer Heimkehr die Kinder unversehrt waren, das selbstlose Mädchen hingegen einen doch recht mitgenommenen Eindruck auf uns machte, sei nur der Vollständigkeit halber erwähnt.)

Den Abschied hatte ich mir irgendwie anders vorgestellt. Während wir Eltern eine gewisse Rührung niederkämpfen mussten,

schien ihnen die Trennung kaum wirklich zuzusetzen: Wir saßen noch nicht einmal im Auto, waren sie schon in alle Richtungen verstreut und genossen die ungewohnte Freiheit.

Die Reise begann und meine liebe Frau wurde zusehends einsilbiger. Auf dem Packsattel brach sie plötzlich ihr Schweigen: „Ich hab' ein so schlechtes Gewissen." Ich tat so, als ob ich ihre Worte nicht gehört hätte, und fuhr entschlossen über die steirische Landesgrenze. (Glücklicherweise gibt es im Steinbergtunnel keine Möglichkeit zu wenden.) In Arnoldstein, bei einem letzten Tankstopp in Österreich, war meine Frau plötzlich verschwunden. Ich entdeckte sie in einer Telefonzelle, die sie nach geraumer Zeit erleichtert verließ: „Es ist alles in Ordnung!" Immerhin waren wir bereits mehr als zwei Stunden unterwegs ...

Knapp vor Grado, unserem Urlaubsziel, aßen wir ganz entspannt zu Abend. Am Nebentisch stritten sich zwei pubertierende Jugendliche, ein Baby turnte auf dem Schoß seiner zusehends um Fassung ringenden Mutter, und vom Spielplatz wehte Kindergebrüll herüber, das in meinen Ohren wie Schalmeien klang: Du weißt, du kannst sitzen bleiben, weil es nicht eines von deinen Kindern sein kann – ein paradiesisches Gefühl! „Was glaubst du, wie gut diese Pizza den Kindern schmecken würde", holte mich die ein wenig wehmütige Stimme meiner lieben Frau wieder in die Wirklichkeit zurück.

Sehr schnell waren unsere drei Urlaubstage vergangen – genau genommen waren es nur zweieinhalb. Denn am letzten Tag hielten wir uns vorwiegend in Spielzeuggeschäften auf, um passende Mitbringsel zu finden.

Es war eine wunderschöne Zeit. Wirklich. Doch irgendetwas fehlte uns. Ich glaube, es waren die Kinder.

VOM LIEBEN UND LOSLASSEN

Der größte Wunsch zum Jahreswechsel ist stets derselbe: „G´sund bleiben." Als Vater von acht Kindern bin ich immer wieder dankbar, wenn abends alle (endlich) im Bett liegen und gesund sind. Dann hege ich den unerfüllbaren Wunsch, dass alles so bleiben möge. Meine Kinder sollten immer klein bleiben, nie von zu Hause wegziehen.

Und dann stelle ich mir die Frage, wann ich für den Ältesten überflüssig sein werde – und tröste mich, dass er mich mit bald 17 Jahren an Körpergröße zwar überholt hat, aber gottlob noch sehr kindlich geblieben ist.

Erziehungswissenschaftler könnten mir zu Recht vorwerfen, dass ich mich nicht früh genug mit der Notwendigkeit des Loslassens auseinandersetze. Doch ich weiß sehr wohl, dass irgendwann einmal – viel schneller, als ich es erwarte – keine Kinder mehr in unser Bett einsickern werden.

Dann können wir durchschlafen, werden die Sonntage allein für uns haben. Freilich: Wenn ich an meine jüngste Tochter denke, die gerade erst zwei Jahre alt ist, bin ich beruhigt: Das wird noch einige Zeit dauern ...

Dennoch plagt mich während des „Einheians" von Zeit zu Zeit der ziemlich kindische Gedanke, wer denn an meiner Stelle einmal neben meinen Töchtern liegen wird.

Einigermaßen verunsichert hat mich vor einiger Zeit meine siebenjährige Tochter Anna, die meine Frau eingehend beim Schminken beobachtete: „Woher hast du eigentlich den schönen Schminktisch?" – „Den hat mir der Papa geschenkt." Lange Pause. „Ich hätte auch gern einen so schönen Schminktisch." Pause. „Ist der Mählich (gemeint ist der Sturm-Spieler Roman

Mählich) eigentlich schon geheiratet?" – „Ich glaube nicht, dass er schon verheiratet ist, aber ich finde, dass er ein bisschen zu alt für dich ist." – „Wer würde denn zu mir passen?" Darauf machte meine Frau einige altersadäquate Vorschläge, allesamt Schulfreunde meines Sohnes Klemens (9). „Den Niki könnt' ich fragen." Pause. „Aber ich glaub', der will mich nicht. Frag lieber du ihn."
Richtigerweise hat meine Frau, der eine gewisse Routine im Umgang mit Kleinkindern nicht abgesprochen werden kann, nichts überstürzt und nicht gefragt. Ich glaube, meiner Tochter war es doch nicht allzu ernst mit dem Heiraten. Jedenfalls war schon länger nicht mehr davon die Rede.

In der Fremde
zu Hause

Vorfreude auf den Urlaub

Aus guten Gründen fiebert niemand in unserer Familie so sehr dem Ende des Unterrichtsjahres entgegen wie meine liebe Frau. Heuer hingen bereits in den ersten Maitagen unter der Pinwand mit den sechs Stundenplänen unserer schulpflichtigen Kinder selbst gefertigte Abreißkalender für die jeweilig noch zu absolvierenden Schultage, und zwar unter Berücksichtigung des Schultyps mit freiem Samstag bzw. ohne diesen sowie individuellem Vorabzug von Sportwochen, Exkursionen oder Einkehrtagen.

Zugleich mit der Parole „Haltet noch ein wenig durch, wir haben es bald geschafft!" verbreitet meine Frau akustische und optische Urlaubsstimmung: In der Küche hängen Fotos unseres zum Frühstück gedeckten Campingtisches (Prosciutto, Cornetti, Mozzarella, Latte fresco), aus dem Bügelkeller tönen die Klänge der vorjährigen Italo-Sommer-Hits.

Unsere älteren Söhne schieben den Gedanken an den Tag der Abfahrt freilich gerne weit von sich – es ist ja in der Tat nicht allzu lustig, vorwiegend sperrige Campingutensilien vom Dachboden zu holen, Reisetaschen im Anhänger zu verstauen und Fahrräder auf der Autodachgalerie zu befestigen.

Meine Töchter hingegen fiebern der Ausgabe der Packlisten entgegen, die meine Frau in ihrem Computer gespeichert hat (somerurl.doc bzw. winterurl.doc) und jährlich aktualisiert.

Nach deren Entgegennahme schwärmen die Kinder aus, um Badehosen, Flossen, Taschenlampen und was derlei Dinge mehr sind zusammenzusuchen.

Da uns unsere Kinder im sprichwörtlichen Orgelpfeifenabstand geschenkt wurden, ist es auch weiter nicht schlimm,

wenn einmal ein Gepäckstück zu Hause vergessen wird wie
etwa im Vorjahr der nagelneue und liebevoll gepackte Reise-
koffer meiner Tochter Anna. Sie konnte jedoch dank der über-
reichen Fülle mitgeführter Textilien problemlos von den alters-
mäßig nächst liegenden Geschwistern versorgt werden.
Kleine Zettelchen in verschiedenen Leitfarben (rosa: Telefo-
nate: „Urlaubskrankenscheine bestellen"; blau: Einkäufe: „Bat-
terien", „Reisekaugummis"; gelb: Überprüfung bzw. Repara-
turen: „Propangaskocher", „Bremsbacken", „Heringe vollzäh-
lig?") bedecken den Glasteil des zentralen Telefonkastls.
Ich selbst bin von den Vorarbeiten nur am Rande betroffen.
Allerdings entdeckte ich neulich auf besagtem Kastl ein signal-
grünes Zettelchen, das die Aufschrift trug: „Lire von der Bank
holen!!!"
Das wird mein bescheidener, aber nicht ganz unwichtiger Beitrag zu den Urlaubsvorbereitungen sein.

AUTOFAHREN IST LUSTIG

Lange Autofahrten in den Süden sind für unsere Familie keine Abenteuer der Landstraße, sondern eine ganz normale Angelegenheit: Ich sitze am Steuer, meine Frau daneben, und hinten schlafen die Kinder, weil wir stets erst am späten Abend starten.

Unser beschauliches Dahingleiten wird nur unterbrochen von gelegentlichen Forderungen nach frischen Saftflascherln, dem dringenden Appell „Ich muss Lulu!" oder einem notwendig werdenden Katastropheneinsatz in der dritten Reihe, wo unsere kleine Sophie mit ihrem sensiblen Magen sitzt ...

Meine liebe Frau ist eine ideale Beifahrerin. Niemals würde sie etwa einen schrillen Schrei ausstoßen, falls ich mit unverminderter Geschwindigkeit auf eine Kreuzung zurase. „Du hast ohnedies gesehen, dass die Ampel rot ist", macht sie mich in sachlich-korrektem Ton darauf aufmerksam, dass es eigentlich Zeit für einen Bremsvorgang sei.

Während längerer Fahrten beobachtet sie mich in regelmäßigen Abständen, um meine Fahrtauglichkeit zu überprüfen. „Dein rechtes Auge gefällt mir nicht", diagnostiziert sie trocken, wenn sie Anzeichen von Müdigkeit zu erkennen glaubt. Manchmal schlägt sie mir auch mit ihrer kleinen Faust blitzschnell aufs Knie, offenbar um meine Reflexe zu testen.

Als Kartenleserin ist sie stets für eine Überraschung gut. Obwohl wie bereits zum 16. Mal denselben kleinen Ort anpeilen, tun wir das auf immer anderen, durchaus reizvollen Straßen. Deshalb lässt sich auch keine exakte Fahrzeit angeben – sie schwankt zwischen 11 und 13 Stunden.

Nur in äußersten Notfällen überlasse ich meiner Frau das

Steuer. Nicht etwa, weil ich ihren Fahrkünsten misstraue, sondern weil ich als Beifahrer leider ungeeignet bin.
Vor Jahren war ich einmal wegen eines Schlüsselbeinbruchs als
Chauffeur außer Gefecht gewesen. Kaum hatte meine Frau den
Volant übernommen, gefiel ich mir in der Rolle des Fahr-
lehrers. „Willst du nicht irgendwann einmal schalten?", machte
ich mir Sorgen um den äußerst robusten Dieselmotor. „Wenn
du jetzt nicht überholst, dann nie." Auf derlei Bemerkungen
geht meine Frau nicht weiter ein, offensichtlich bestärkt durch
die Tatsache, dass sie rund 200.000 km unfallfrei zurückgelegt
hat.
Die Liste meiner Einwände ließe sich lange fortsetzen. Auch
wenn sie sich noch immer als kindisch und völlig haltlos erwiesen haben, bleibe *ich* der Fahrer.
Zum Beifahrer bin ich einfach nicht geboren. Und außerdem
ärgert es mich ein wenig, dass sie zum Einparken regelmäßig
einen Versuch weniger benötigt als ich.

WIR SIND ECHTE ITALIENER

Mein Italien ist ein kleiner Badeort, eine Autostunde von Rom entfernt. Und da er nicht viel mehr hat als einen (bescheidenen) Supermarket, ein Hotel, einen Lunapark sowie einen Campingplatz, machen Touristen einen Bogen um ihn.

Im Grunde ist der Campingplatz nicht mehr als ein eingezäuntes Stück Pinienwald – und doch ein Stück Arkadien, in dem keine Tennis- oder Minigolfplätze, keine Fitnessräume und keine Disco die Ruhe stören. Nur das tausendfache Zirpen der Zikaden ist bis in den späten Abend zu hören.

Da dieser Zeltplatz mit Sicherheit nicht mehr bietet, als man unbedingt braucht, ist er nur zur Hälfte belegt. Seit Jahren stehen dort dieselben alten Wohnwägen, deren Besitzer wir wie gute Bekannte begrüßen: Das betagte Ehepaar, das wir Philemon und Baucis nennen, die Bäuerin aus Terni, die uns

täglich auf einen türkischen Kaffee einlädt, den Nachbarn schräg gegenüber in seinem stets akribisch gekehrten Vorzelt. Wir haben ihm den Titel „Capitano" verliehen, weil er über eine besonders raue Stimme und nur einen Arm verfügt. In der Phantasie meiner Kinder ist ihm der zweite in einem erbitterten Seegefecht vor Santo Stephano abhanden gekommen, in Wirklichkeit jedoch auf seinem Arbeitsplatz von einem herabfallenden LKW-Reifen abgetrennt worden.

Die alten Besitzer des kleinen Areals sind ein höchst ungleiches Paar: Renato ist ein Hüne, der auch kürzeste Distanzen in seinem maximal 300 mal 100 m großen Reich auf einer Vespa zurücklegt. Theresa ist eine winzige, temperamentvolle Siebzigerin, die von unserer Familie zärtlich das „Hexlein" genannt wird, von meinem jüngsten Sohn allerdings für kurze Zeit so gefürchtet wurde, dass er den Urlaub am Meer verweigern wollte.

Kaum stehen wir vor dem Schlagbalken, springt die alte Dame herbei, um mit hochgestreckten Fingern die Zahl unserer Kinder anzugeben: Wie viele sind es heuer? – Acht oder neun? Die Begrüßung gipfelt in wilden Kussorgien.

Wenn mich das „Hexlein" allerdings morgens auf meiner Einkaufstour allein trifft, werde ich von ihm nicht nur intensiv abgeschmatzt, sondern auch freundschaftlich, aber doch mit Nachdruck geohrfeigt. Damit will sie mich auf handfeste Art noch einmal daran erinnern, dass wir nun wirklich genug Kinder hätten.

Im Vorjahr wurden wir im Rahmen einer kleinen Feier geehrt, weil wir zum 15. Mal da waren. Wir erhielten u. a. einen Wimpel in den italienischen Nationalfarben, der nun drei Wochen lang unsere kleine Zeltstadt schmückt.

Für diese Zeit sind wir echte Italiener.

IN DER FREMDE ZU HAUSE

Da Renatos kleiner Zeltplatz nicht in Parzellen unterteilt ist, können wir uns nach Belieben ausbreiten: Zwei große Zelte und vier Hängematten markieren gewissermaßen als Immobilien auf Zeit unseren Claim, der durch eher hingeworfene als ordnungsgemäß abgestellte Fahrräder, Dreiräder und Puppenwägen, meterlange Wäscheleinen sowie zwanglos verstreute Sandspielaccessoires nach Belieben erweitert wird.
Ein von meinen Söhnen improvisiertes Badmintonfeld hinter der Zeltstadt und einige tönerne Blumentöpfe – meine Frau hat sich einen jahrelangen Traum verwirklicht und die wichtigsten italienischen Küchenkräuter in Strauchgröße erworben – verbreiten den Eindruck, dass wir uns wenigstens für die Sommermonate am Meer angesiedelt hätten. Eine Vorstellung, für die sich vor allem meine liebe Frau und unsere Kinder begeistern. Trotzdem scheint es, als würde uns südlich eines bestimmten Breitengrades eine unerklärliche Trägheit befallen, die schon die demokratische Entscheidung darüber, ob der Tag am Strand, an einem nahen See oder mit einem Ausflug ins Hinterland verbracht werden soll, erheblich erschwert: Die wichtigsten Entscheidungsträger pflegen nämlich bis gegen Mittag ihre Hängematten nur ungern zu verlassen, um sich zu einer vertikalen Lage aufzuraffen und den Anforderungen eines neuen Tages zu stellen.
Auch die Klärung der Frage, wer die Kühlbox mit den Getränken im Auto verstaut bzw. Obst vom Markt holt, kann mitunter erst in halbstündigen Debatten einigermaßen fair ausverhandelt werden.
Meine Frau und ich haben schon vor der Abfahrt beschlossen,

uns unsere Ferienlaune diesmal von niemandem verderben zu lassen. Deshalb gibt es für die Kinder keine fixen Pflichten, außer sich die Zähne zu putzen und ihre definitiv nicht mehr zu gebrauchenden Textilien bei der Schmutzwäschesammelstelle abzuliefern.

Da meine Frau auch im Urlaub auf ein adrettes Äußeres unseres Nachwuchses Wert legt – kinderreiche Familien geraten erfahrungsgemäß rasch in den Geruch des Asozialen –, versucht sie die Wäscheproblematik mit der ihr eigenen Konsequenz zu regeln. So hatte sie im Vorjahr eine mittels Handkurbel zu bedienende Reisewaschmaschine erstanden. Zu ihrem Leidwesen hatte sich diese als gänzlich unbrauchbar erwiesen. Deshalb überraschte ich sie heuer mit einem handlichen elektrisch betriebenen Gerät.

Meine Frau hat viel Freude damit. Es läuft praktisch Tag und Nacht und vermittelt ihr somit auch in der Fremde das Gefühl zu Hause zu sein.

FISCHFANG MIT FOLGEN

In vielem erkenne ich mich in meinen Söhnen wieder. In ihrer Begeisterung für den Fussballsport etwa, in ihrer pragmatischen Einstellung zur Schule oder ihrem Hang zur Unordnung. In einem Punkt freilich bleiben sie mir weiterhin seltsam fremd: in ihrer Leidenschaft zum Fischen, die jeden Sommer aufs Neue für ein paar Urlaubstage aufflammt, um dann wieder für ein Jahr zu erlöschen.

Offenbar gehört es zum Naturell wirklich erfolgreicher Fischer, dass sie Geduld und Ausdauer besitzen, um lange auf den großen Fang warten zu können. Meine Buben warteten sechs Jahre. Am frühen Nachmittag des 26. Juli 2000 geschah etwas ganz Unvorhergesehenes: Nikolaus zog ein Lebewesen aus dem Wasser, das eindeutig als Fisch zu identifizieren war.

Im Triumphzug marschierten meine Petrijünger vor mir auf, der ich sie immer wieder wegen ihrer Erfolglosigkeit ein wenig gehänselt hatte: „Jetzt sagst' nix mehr, Papa!?" Meine Frau schoss ein Dutzend Fotos, um den historischen Moment festzuhalten. Das reine Glück breitete sich über unsere kleine Zeltstadt aus. Durch diesen Erfolg befeuert, wurde sofort der Kauf zweier weiterer, baumlanger Käscher beschlossen, um für alle Eventualitäten gerüstet zu sein.

Und tatsächlich! Am nächsten Tag zappelten in ihnen zwei Forellen und eine Schleie in einer Größe, wie sie am Markt feilgeboten werden.

Doch der prächtige Fang hatte seine ungeahnten Tücken. Da keiner bereit war, die Fische abzuschuppen und auszunehmen, auch meine liebe Frau nicht (sie vermag aus weltanschaulichen Gründen keinem Tier den Kopf abzuschneiden), ich wiederum als Fileteur gar nicht zur Diskussion stand, hatte Klemens die Idee, die Fische zu verkaufen.

Nun sind Italiener in hohem Maße kinderfreundlich, ihre Liebe zu den Bambinis aus Austria reichte aber offensichtlich nicht aus, um mit ihnen ein kleines Geschäft einzugehen. Jedenfalls kamen unsere Kinder ein wenig enttäuscht und die Fische ziemlich mitgenommen vom zeitaufwändigen Rundgang durch den Campeggio zurück.

Auch am nächsten Tag blieb die Zukunft der gefeierten Tiere weiterhin ungewiss. Also entschloss ich mich kurzfristig, sie zum halben Preis (10.000 Lire) zu erwerben, grillte und verzehrte sie. Frühmorgens erwachte ich von starken Magenschmerzen geplagt. Der Arzt, den ich auf die dringende Bitte meiner Frau umgehend aufsuchte, beruhigte mich in gebrochenem Englisch: „Es ist nichts Ernstes – nur eine kleine Fischvergiftung ..."

Seit damals weiß ich: Auch Vaterliebe kann durch den Magen gehen.

MEIN ITALIENISCHER FREUND

Ich bin kein Spieler. Noch nie kam ich in Versuchung, im Casino mein Monatsgehalt auf Rouge zu setzen. Baccarat und Stoß kenne ich lediglich dem Namen nach. Ich kann also die wahre Spielleidenschaft schwer nachvollziehen. Dennoch bin auch ich ein Hasardeur. Allerdings nicht am Kartentisch, sondern in unserem Auto.

Wenn die Tanknadel schon lange unter der Reservemarkierung pendelt, beginnt für mich der Nervenkitzel: Erreiche ich noch die nächste Tankstelle?

Schwer zu sagen, worin für mich die Faszination des etwas seltsamen Benzin-Pokers liegt. Vielleicht steht schlicht der Wunsch dahinter, das genaue Fassungsvolumen des Tanks in unserem Bus herauszufinden: 65 l – 70 l – 73 l?

Wir fuhren durch prachtvolle Sonnenblumenfelder nach Capalbio, einem dieser entzückenden mittelalterlichen Orte in der Toskana. Seit geraumer Zeit bereits zitterte die Nadel klar unter dem R. Es ist Siesta, und wir kommen an einigen Zapfsäulen vorbei, deren Zufahrt durch eine stabile Eisenkette erheblich erschwert wird – chiuso!

Als wir auf steilen Serpentinen das schmucke Städtchen erreichen, bin ich doch einigermaßen erleichtert. Beim fröhlichen Bummel durch die engen Gässchen, die für jeglichen motorisierten Verkehr gesperrt sind, vergesse ich unseren Benzinnotstand. Erst beim Wegfahren, als der Motor überhaupt keinen Laut von sich gibt, wird es grausame Gewissheit: Der Tank ist leer.

Gott sei Dank treffe ich gleich einen Carabiniere, der sich gerade in sein Auto setzt. In einem von wilden Gesten unter-

stützten Slang in Italo-Englisch versuche ich meine nicht ganz unschwierige Situation zu schildern: „Io otto bambini – niente gasolio – can you drive me to the next gasoline station?" Er kann, gibt mir jedoch mehrmals zu verstehen, dass er mich nicht mehr zurückbringen werde: „I must to Arezzo."

Auf der Fahrt ins Tal kommen wir einander schnell näher. Ich stammle von meiner großen Liebe zu Italien („Cappucino – Iuve – spahetti – Inter – gelati – buonissimo!!"), er wiederum schwärmt von seiner Heimat Sizilien, von den Menschen dort, die alle ein großes Herz hätten, auch die Mafiosi.

Überflüssig zu erwähnen, dass Umberto mich zurück zu meiner Familie brachte, die uns jubelnd begrüßte. Wir tauschten unsere Adressen aus, umarmten einander wie alte Bekannte, und mein italienischer Freund meinte schalkhaft zum Abschied: Falls mir einmal in Palermo das Benzin ausgehen sollte, könne ich ganz gelassen bleiben. Schließlich hätte ich ja jetzt seine Telefonnummer.

SOUVENIRS, SOUVENIRS!

Unser Italienurlaub bietet meinen Kindern jedes Jahr aufs Neue eine gute Gelegenheit, für ihr Geld viel in meinen Augen Entbehrliches einzukaufen. Lange Zeit war ein in Plastik verschweißtes Polizei-Set ein fixer Bestandteil des Souvenir-Einkaufsprogramms. Während v. a. die Pistolen unter starkem (oft durch unsachgemäße Handhabung verursachten) Verschleiß litten und ziemlich bald von meiner lieben Frau entsorgt wurden, blieben die Handschellen unversehrt – fünf Paar liegen nahezu neuwertig in der großen Spielzeugkiste.
Auch die Glanzzeit der Fußballdressen scheint ihrem Ende entgegen zu gehen, was mich ein wenig wehmütig stimmt. Immerhin hatten wir es auf 127 bunte Trikots gebracht – meine eigenen drei (Südafrika, Juventus, Sturm) nicht gerechnet.
Für meine Kleinen waren die großen Hits dieses Sommers

Pokémon-Bälle und -Pickerln. Vor allem Anna, die noch bis vor kurzem ganz verrückt nach Dalmatiner-Artikeln war, setzte einen Gutteil ihres Urlaubsbudgets in bunte Aufkleber mit grässlichen Figuren um. Täglich kaufte und pickte sie noch vor dem Frühstück. „Soll ich sie mir vielleicht nicht kaufen, wenn sie da billiger sind als in Österreich?" war ihre schwer zu entkräftende Begründung. Sie deckte sich aber auch mit Leiberln und Hosen ein, allesamt mit dem Emblem der süßen Taschenmonster.

Ihr Bruder Klemens, der sich zum 9. Geburtstag von seinem Taufpaten ein Kuvert mit Lire-Scheinen gewünscht hatte, gab diese in beachtlicher Zahl für so genannte Poké-Bälle aus, die er fortan mit wilden Kampfschreien auf den Boden schleuderte. Durch den Aufprall zerfielen die Plastikbälle in zwei Hälften, worauf Monster mit so lustigen Namen wie Schillok, Glumander oder Bisasam herauspurzelten, um offensichtlich miteinander zu kämpfen.

Nach einem allzu heftigen Wurf fiel Schilloks Schwanz ab. Klemens beklagte diese Verstümmelung anhaltend und lautstark, sodass unsere idyllische Camp-Atmosphäre für einige Zeit erheblich beeinträchtigt war. Erst die Zusicherung, zu Hause das arme Tier sofort mittels Superkleber zu verarzten, konnte meinen kleinen Poké-Spezialisten einigermaßen beruhigen.

Obwohl wir nun schon einige Wochen wieder aus Italien zurück sind, kam Klemens immer noch nicht mit dem verwundeten Schillok zu mir.

Offenbar ist ihm dessen Schicksal doch nicht so wichtig – was mich freut. Denn insgeheim wünsche ich mir, dass die Herrschaft dieser widerlichen Viecher bald vorüber ist.

Sorry, liebe Poké-Fans!

VOM MÜHSAMEN AUSPACKEN

Im Urlaub sollte es meinen Kindern an wirklich nichts fehlen. Sie durften schlafen, so lange sie wollten, essen, was ihr Herz begehrte, und die von besorgten Verwandten reichlich zugesteckten Lire in der Sala Giochi wieder loswerden. Am Strand hatten meine liebe Frau und ich Muße, sie eingehend zu beobachten. Wir kamen – nicht ohne einen gewissen Elternstolz – darin überein, dass die drei Großen kräftig gebaut und gut gewachsen sind. Manchmal unterbrachen sie nämlich ihre langen Ruhephasen, um locker eine Liegestütz- oder Sit-up-Serie in den Sand zu knallen, womit sie eindrucksvoll demonstrierten: Wir sind körperlich topfit und haben uns bestens erholt. Unglücklicherweise scheint jedoch – wie jedes Jahr – die Rückreise aus dem Süden meinen Buben jegliche Energien zu rauben. Auf der Packerhöhe erreicht mich aus der hintersten Bankreihe unseres Busses der immer gleiche, gequält-müde Ruf: „Müssen wir, wenn wir zu Hause angekommen sind, sofort auspacken?" Mein eindeutiges „Ja" hat ein undeutliches, jedoch merklich unfrohes Gemurmel zur Folge.

Vor unserer Gartentür spielt sich jährlich dieselbe Szene ab. Die Knaben beginnen im Zeitlupentempo unter Taschen, Flossen und Fischerangeln ihre Schuhe zu suchen. Nachdem jeder die ihm zustehenden gefunden hat, stürzen sie aus dem Auto, um einem dringenden menschlichen Bedürfnis nachzukommen. Es vergeht einige Zeit, in der ich mir die bange Frage stelle: Kommen sie wieder oder nicht?

In langwierigen Diskussionen einigt man sich nun darauf, die Arbeiten mit den leichten Gepäckstücken zu beginnen: Dominik greift entschlossen zu einem Sandkübel und einem Schauferl,

Benedikt angelt sich einen Ball, und Nikolaus holt unter der Sitzbank eine Taucherbrille sowie Reste einer Angel hervor. So beladen schleppen sie sich ins Haus, wo sie von einem unerklärlichen Hungergefühl am Weitermachen gehindert werden. Mit Semmeln oder Äpfeln kommen sie zur zweiten Runde – was den Nachteil hat, dass ihnen nur noch eine Hand zum Tragen zur Verfügung steht. Jedenfalls verlieren sie nie den Überblick, wie oft sie bereits den neun Meter langen Weg vom Auto bis zum Haus zurückgelegt haben. Allerdings geraten sie trotzdem meist in Streit, weil jeder nach seiner Zählung klar voran liegt.

Irgendwie schaffen sie es dann doch, dass das Auto leer ist. Leider habe ich es versäumt, sie mit versteckter Kamera zu filmen – es wäre ein abendfüllender TV-Beitrag geworden zum Thema: „Kann ein voller Kofferraum bei Pubertierenden zu Depressionen führen?"

Von Feiern und Festen

KINDERSPIELZEUG

„Papa, was soll ich mir zum Geburtstag wünschen?" Ausgerechnet mir stellt mein Ältester diese Frage, mir, der bei jeder sich bietenden Gelegenheit darauf hinweist, dass der Bedarf an Spielsachen in unserem Haus seit langem gedeckt sei. Playmobil-Züge verschwinden unter Betten, Burgen kratzen an Zimmerdecken, Autobahnen versperren einem den Weg, der von Legosteinen buchstäblich gepflastert ist. Längst sind alle Kästen als Abstellplätze aufgebraucht, und die Zeit des Wegräumens steht im Verhältnis zur Spielzeit 5:1.

Bei vorsichtiger Schätzung dürfte das gesamte Spielzeug unserer acht Kinder den Wert eines Mittelklassewagens repräsentieren – Fahrräder, Dreiräder und Traktoren, die in der Garage parken, nicht eingerechnet.

Zu meiner Verteidigung vermag ich anzuführen, dass der Großteil als Geschenke lieber Verwandter ins Haus kam. Ich kann nun einmal meiner Schwiegermutter nicht vom Kauf eines weiteren ferngesteuerten Autos abraten, auch wenn zwei neuwertige auf dem Boden irgendeiner Kiste ihr trostloses Ausgedinge fristen.

Zugegeben: Als die Lego-Welle über unsere Familie hereinbrach, konnte nicht einmal ich Widerstand leisten. Eines Tages kaufte ich auf Grund einer Sonderaktion die Regale eines kinderfreundlichen Geschäftes halb leer, um für die Geburtstage der nächsten zehn Jahre autark zu sein.

Als die Begeisterung meiner Kinder plötzlich ein wenig abzuebben und ich auf meiner Lego-Ware sitzen zu bleiben drohte, behalf ich mir mit einem Notprogramm: Meine Frau bekam zum Muttertag die große Ritterburg, mir selbst schenkte ich zum Geburtstag den Zug mit dem neuen, ausgereiften Gleissystem.

Man kann mir also wirklich nicht nachsagen, ein Spielzeugverweigerer aus Prinzip zu sein. Freilich, wenn mein Sohn in Ermangelung eines Katalogs mich um Rat fragt, was er sich wünschen solle, kann ich nicht anders und zähle auf, was alles irgendwo im Kinderzimmer seiner Bedienung harrt.

Er hört mich ruhig an, wartet, bis ich fertig bin, und sagt mir dann im Ton großer Überlegenheit: „Aber irgendetwas muss ich mir ja wünschen!"

DAS WUNDER VON DER LOK

Mein Onkel war nicht nur Altphilologe und ein großer Freund von Sesselliften und Seilbahnen, sondern überhaupt ein gescheiter Mann. Von ihm stammt der weise Satz: „Wenn Kinder etwas anschauen, ist es bereits halb hin, wenn sie es angreifen, ganz."
Lange ließe sich von der unsachgemäßen Bedienung von elektrischen Schwenkkränen, ferngesteuerten Polizeibooten oder putzigen Aufziehmäusen erzählen, um nur wahllos drei Artikel aus unserem durchaus beachtlichen Spielzeugsortiment herauszugreifen. Nur so viel: Mein Onkel Erich hatte Recht.
Nun lassen sich einer raschen Demolierung etwa einer Autorennbahn jedoch auch durchaus spannende Seiten abgewinnen. Man wettet mit seiner Frau oder anderen im Umgang mit Kindern geprüften Menschen, wie lange wohl die liebevoll ausgesuchte Geburtstagsüberraschung voll funktionstüchtig bleiben wird.
Ich bitte mich nicht als lieblos zu betrachten, wenn ich seit einiger Zeit geradezu reflexartig jede Spielsache hinsichtlich ihrer Materialbeschaffenheit und Belastbarkeit taxiere und daraufhin ihre Lebensdauer veranschlage.
Zu seinem achten Geburtstag bekam unser Sohn Klemens ein hübsches (Kinder-)Schlagzeug. Ich tippte: zwei Tage – meine Frau: eine Woche. Tatsächlich kam Klemens schon nach drei Stunden, um unter heftigem Schluchzen zu melden, dass die Membran einer Trommel bereits gerissen sei, nachdem sie von seinem großen Bruder offensichtlich (versehentlich?) zu kräftig behandelt worden war. Auch der kleine Hocker war unter der brüderlichen Last zusammengebrochen. Während ich früher

erzürnt aufgesprungen wäre, notiere ich nun relativ gelassen: Punkt für mich.

Natürlich kann es vorkommen, dass ich mit einer Wette kräftig danebenliege. Als vor rund zwei Jahren ein batteriebetriebener Zug, auf dem Ein- bis Zweijährige das beglückende Gefühl eines Lokführers erstmals auskosten können, unverdrossen seine engen Runden drehte, gab ich ihm eine Lebensdauer von 14 Tagen – maximal. Ein guter Freund unterbot meine Marke angesichts unserer damals fünf schulpflichtigen Kinder um die Hälfte.

Doch das Wunder geschah: Die Lok dreht immer noch ihre Runden – allerdings nur im Retourgang.

P. S. Die defekte Schlagzeugmembran ließ ich bei einem namhaften Fachhändler austauschen. Die Reparaturkosten waren nur unwesentlich höher als der Anschaffungspreis.

GEBURTSTAGSFEST

Kürzlich traf ich einen lieben Bekannten, dessen Anblick mich einigermaßen erschreckte. Bleich und zitternd stand er vor mir, die Augen schwarz umrandet und nahezu leblos in die Ferne gerichtet. In der Sprache des Boxsports würde es heißen: Er war schwer gezeichnet.

Die unvermeidliche Frage „Wie geht's dir denn?" war also in diesem Fall mehr als eine Floskel. Beinahe tonlos stieß er hervor: „Wir haben gestern den siebenten Geburtstag meines Sohnes gefeiert."

Für viele Eltern gibt es kaum etwas Anstrengenderes als Kindergeburtstage, oft jugendliche Orgien aus Fast-Food, falschen Geschenken, Originalitätsdruck, Elternschweiß und Sprösslingstränen.

Nie werde ich jene Geburtstagsfeier vergessen, zu der nicht nur Kinder, sondern auch Eltern eingeladen waren. Der Garten war in einen Erlebnispark umfunktioniert: Sackhüpfen, Dosenschießen, Malwettbewerb und vieles mehr.

Die Eltern des Geburtstagskindes mühten sich tapfer ab in der ungewohnten Rolle der Animateure. Kaum war der eine Bewerb abgeschlossen, wurden die kleinen Festgäste schon zur nächsten Überraschung geschoben.

Ungefähr bei Halbzeit war plözlich das lustige Fest abbruchgefährdet, da einige Kinder partout nicht mehr beim Erdäpfelslalom mitmachen wollten, sondern einfach Ballspielen.

Nur dem guten Zureden einiger routinierter Erziehungsberechtigter war es zu verdanken, dass es dann nach mehr als drei Stunden zum Finale mit der großen Preisverleihung kam.

Meine Kinder kommen immer reich beschenkt nach Hause,

gehen aber oft mit leeren Händen zu den Partys ihrer Mitschüler, freilich mit der Versicherung, dass sich Papa am Gemein-
schaftsgeschenk prozentuell beteiligt hat.

Das ist sehr praktisch, denn endlich muss man sich nicht mehr
den Kopf zerbrechen, was man eigentlich schenken soll, da
(fast) alle ohnehin schon (fast) alles haben. So sind dann alle
dankbar, wenn einer engagierten Mutter doch noch ein Ge-
schenk einfällt.

Wie lustig und unkompliziert waren doch die Geburtstagsfei-
ern meiner Kindheit! Zu Fuß stapfte ich zu meinen Freunden,
in der Hand eine Tafel Schokolade. Wir spielten Fußball oder
Räuber und Gendarm und bekamen ein Stück Torte.

Das war's. – Schön war's.

DIE FLIEGENDE BADEHOSE

Bei einer Geburtstagsfeier in einem Garten mit Swimmingpool hatte sich der Jubilar, ein großer Freund der Jugend, eine besondere Überraschung ausgedacht: Er befüllte für die zahlreich umhertobenden Kinder viele bunte Luftballons mit Gas. Von den ersten zehn überlebte allerdings nur einer. Die restlichen zerplatzten, offenbar auf Grund des anfangs noch nicht fachgerecht eingestellten Gasdrucks, mit explosivem Knall – sehr zum Gaudium der lieben Kleinen. Meiner Mutter aber, die sich Zeit ihres Lebens vor jeglichen donnerartigen Geräuschen gefürchtet hat (und deshalb auch moderne Theaterinszenierungen meidet), setzte das laute Spektakel ziemlich stark zu, sodass sie als eine der Ersten ein wenig mitgenommen das lustige Fest verließ.

Sie war jedoch noch da, als mein ältester Sohn, der sichtlich Spaß am Spiel mit den Gasballons hatte, ein einfaches physikalisches Experiment durchführte: Er wollte herausfinden, wie viele Luftballons seine Badehose benötigte, um in einen konstanten Schwebezustand versetzt zu werden. Mathematisch exakt lässt sich die Lösung nur so angeben: 13 waren zu wenig, 14 aber zu viel.

Nachdem Dominik nämlich den 14. Ballon, ein giftgrünes Exemplar, an sein Bekleidungsstück geknüpft hatte, stieg das Gesamtpaket überraschend schnell in die Höhe, sodass er es auch im Sprung nicht mehr zu fassen bekam. Lautlos schwebte es über unsere Köpfe hinweg.

Ein Gast der fröhlichen Runde bedauerte, dass kein Gewehr in Griffnähe war, denn die Gelegenheit, eine Badehose zu schießen, komme so schnell nicht wieder. Während diese Feststel-

lung unwidersprochen blieb, war der Short bereits über den Gipfel eines Kirschbaumes gen Nordosten geflogen.

Es war ein faszinierendes Schauspiel, das unter den Kindern großen Jubel auslöste und bei den Erwachsenen für anhaltende Heiterkeit sorgte.

Mein Sohn freilich war nicht willens, den Verlust so ohne weiteres hinzunehmen. Deshalb wollte er per Rad seiner fliegenden Hose, die bald nur noch als winziger Punkt auszumachen war, nachjagen. Er ließ sich von meiner lieben Frau von einer Verfolgungsfahrt mit ungewissem Ziel nur durch den Hinweis abhalten, dass das Kleidungsstück seinerzeit als Sonderangebot (S 69.–) von ihr besonders preisgünstig erstanden worden war.

P. S. Falls Sie, geschätzte/r LeserIn, im Norden von Graz den Fund einer blauen Badehose gemacht haben sollten, bitte ich höflich um deren Rückgabe, da mein Kind an ihr emotional offenbar doch stärker hängt, als ich anfangs vermutet habe.

KEIN MUTTERTAG

Da unsere Muttertagsfeier im letzten Jahr nachhaltig missglückt war, erwog meine Frau für heuer ernsthaft, den von findigen Vertretern der Wirtschaft in den Rang kirchlicher Festtage erhobenen zweiten Sonntag im Mai aushäusig zu verbringen. Allein – weit weg von den lieben Kindern.

Vielleicht hatte alles damit angefangen, dass unser Nachwuchs sich mit dem Decken des Frühstückstisches regelrecht verausgabte. In der Sprache des Sports würde es heißen: Sie wurden Opfer ihres viel zu hohen Anfangstempos.

Der Vortrag eines Gedichtleins, den meine ansonsten reizende Tochter Antonia wegen despektierlicher Zwischenbemerkungen ihrer Brüder nach wenigen Versen unter Tränen abbrach, war ebenfalls nicht dazu angetan, die Laune der zu Feiernden zu heben. Auch die von engagierten Lehrerinnen initiierten Basteleien konnten keinen Stimmungsumschwung bewirken, da sie zwar als Idee, nicht aber als fertige Werkstücke vorlagen.

Zugegeben, meine Frau bekam im Verlauf der nächsten Monate alle Geschenke, allerdings erst nach mehrmaliger Urgenz ihrerseits. (Die Muttertagsüberraschung meines ältesten Sohnes, eine in Laubsägetechnik verfertigte Holzblume, konnte erst im Advent ausgehändigt werden.)

Wenn ich mich an die Muttertage meiner Kindheit zurückerinnere, fehlt im Familienkreis oft der Vater. Als politischer Mandatar musste er vor meist älteren, oft einsamen Müttern reden. Er tat dies gerne, obgleich er sich immer unter einen gewissen Erfolgsdruck stellte: Er wollte die Damen nicht nur zum Lachen, sondern auch zum Weinen bringen, gewissermaßen eine Kollektivrührung erreichen.

Zu Hause erzählte er oft von einer kleinen Begebenheit, deren Zeuge er vor vielen Jahren geworden war. Im überfüllten Zugabteil drangsalierte ein etwa Dreijähriger seine Mutter mit altersadäquaten Machenschaften: Einmal wollte er auf den Gang gehen, dann wieder turnte er über die Beine der Mitreisenden hinweg, um durch ständiges Auf- und Zuklappen des Aschenbechers nicht nur seine Hände schmutzig zu machen, sondern auch für einen gewissen Lärmpegel zu sorgen.

Das ging eine ganze Weile so, bis sich plötzlich die bereits völlig entnervte Mutter, Zustimmung erheischend, an meinen Vater wandte und mit bebender Stimme die in unserer Familie seither geflügelten Worte hervorstieß: „Der kennt kan Muttertag!"

GEDANKEN ZUM VATERTAG

Als ich mir Gedanken zum Vatertag machte, fiel mir eine Begebenheit aus den 70er Jahren ein. In einer Studentenrunde hatte
ich damals naiv erklärt, dass ich meinen Vater liebe und er mir
in vielem ein Vorbild sei. Das hätte ich nicht tun sollen, denn
der Hohn der Kommilitonen war mir sicher. Damals durfte es
nämlich keine ungestörte Vater-Sohn-Beziehung geben – in der
Literatur ebenso wenig wie im wirklichen Leben. Nachdem ich
die Frage eines Erziehungswissenschaftlers, ob ich meinen Vater schon einmal beschimpft oder ihn zumindest einen „alten
Deppen" geheißen hätte, wahrheitsgemäß verneint hatte, pro-
phezeite mir dieser eine düstere Zukunft. Denn das nicht aus-
gelebte, sondern nur verdrängte Hassgefühl meinem Erzeuger
gegenüber werde mich nachhaltig traumatisieren.
Trotz dieser negativen Prognose halte ich mich eigentlich für

einigermaßen normal – und ich bin froh darüber, dass die Bindung zu meinem Vater bis zu seinem Tod von tiefer Zuneigung und großem Respekt geprägt war.

Ein Vierteljahrhundert später bin ich nun selbst glücklicher Vater. Anlässlich einer Familienfeier kam es unlängst zu einer angeregten Diskussion: Ab wann und in welchem Ausmaß tragen Kinder selbst Verantwortung für ihr Leben? Wie stark ist die Macht der Gene, und wie groß ist der Einfluss des familiären Umfeldes und der Erziehung?

Immer häufiger finde ich mich – vorwiegend in meinen Söhnen – wieder, vor allem in dem, was mir nicht gefällt: etwa in ihrem manifesten Hang zur Unordnung. Ein Blick auf meinen eigenen Schreibtisch freilich zeigt mir, dass sie in diesem Punkt leider ganz nach mir sind und ich keine moralische Berechtigung habe, sie zu maßregeln.

Oft stelle ich mir die Frage, ob ich meine Kinder richtig erziehe. George Bernard Shaw hat einmal geschrieben: „Mehr als Vergebung für ihre Erziehung dürfen Eltern von ihren erwachsenen Kindern nicht verlangen." Dieser Satz hilft immer dann, wenn man sich als Elternteil manchmal ein wenig Dankbarkeit erwartet.

Ich weiß nicht so gut, was für ein Vater ich bin. Ich weiß aber, was für ein Vater ich gerne sein möchte. Vielleicht einer, dem bewusst ist, dass nicht alles nach seinem Willen gehen muss.

„Denn wir können die Kinder nach unserem Sinne nicht formen;
So wie Gott sie uns gab, so muss man sie haben und lieben,
Sie erziehen aufs beste und jeglichen lassen gewähren.
Denn der eine hat die, die anderen andere Gaben;
Jeder braucht sie und jeder ist doch nur auf eigene Weise
Gut und glücklich." (Goethe: „Hermann und Dorothea")

NOTIZEN EINER MUTTER
An Stelle eines Nachworts

Ein bekanntes Sprichwort besagt, so viele Sprachen einer spricht, so viele Länder er bereist, so viele Male sei er ein Mensch. Für mich möchte ich den Spruch ein wenig abwandeln: So viele Kinder eine hat, so viele Male ist sie eine Mutter. Jedes Kind trägt eine kleine Welt in sich und lässt seine Eltern – wenn sie sich auf dieses Abenteuer einlassen – immer wieder ein wenig teilhaben am Wunder der Kindheit.

Unter unseren Kindern gibt es zwar manche Gemeinsamkeiten, und doch ist jedes einzelne eine eigene Persönlichkeit, die sich trotz unserer hoffentlich gerechten Erziehung nach nur ihm innewohnenden Gesetzen formt und entwickelt.

Ich denke, wir Eltern sollten vielleicht nichts anderes tun als die Rahmenbedingungen zu schaffen, in denen sich die Metamorphose vom ganz auf die Mutter angewiesenen Säugling zum jungen Menschen, der seinen eigenen Weg sucht, möglichst ungestört vollziehen kann.

Freilich braucht es manchmal ein bisschen Fingerspitzengefühl, um zu erkennen, wie viel Nähe, wie viel Zuspruch und Ermunterung, aber auch welche Grenzen jedes einzelne braucht.

Wenn es für uns zehn jetzt auch ein wenig eng ist in unserem kleinen Haus, so hat doch jedes Kind seinen Platz und trägt seinen Teil zum Gelingen des Ganzen bei: vom Ältesten, der den Vater schon klar überragt und daher immer einspringen muss, wenn es gilt, die Schachtel mit den Süßigkeiten auf den höchsten Kasten zu hieven, wo sie dem unbefugten Zugriff vieler flinker Finger einigermaßen zuverlässig entzogen sind, bis zum Vorletzten, der mit seinen kleinen Händen als einziger auch die letzte Postkarte aus unserem Briefkasten fischen kann, dessen Schlüssel längst verloren ist.

Nur Sophie hat noch keine andere Aufgabe, als sich all meine Zärtlichkeitsbezeugungen fröhlich gefallen zu lassen, für die sich meine Größeren schon zu alt fühlen.

Astrid Hofmann-Wellenhof